„Am Hofe ist nichts eine Kleinigkeit...“

Günther Ebersold

„Am Hofe ist nichts eine Kleinigkeit...“

14 Geschichten
aus der Mannheimer Zeit
des Kurfürsten Karl Theodor

1997

Herausgeber: Dr. Günther Ebersold

Herstellung und Vertrieb: Druckerei Odenwälder Buchen-Walldürn

Titelbild: Palais Bretzenheim und Jesuitenkirche.
Zeichnung von Phil. Ad. Le Clerc

ISBN 3-929295-37-7

Inhalt

Einleitung

Vom Jahre 1778 an war Kurfürst Karl Theodor (1724-1799) der drittmächtigste Fürst des Heiligen Römischen Reiches Deutscher Nation - nach dem Kaiser und dem König von Preußen. Er gebot über sieben Länder: Die Kurfürstentümer Pfalz und Bayern, die Herzogtümer Jülich, Berg, Neuburg, Sulzbach und das Marquisat Bergen-op-Zoom. Auch war er mit seiner über 56jährigen „Dienstzeit" einer der am längsten regierenden Herrscher aller Zeiten. Vom 1. Januar 1743 bis zum 31. Dezember 1777, also 35 Jahre lang, lenkte er die Geschicke seiner Länder von Mannheim aus. Der Anfall des bayerischen Erbes am 31. Dezember 1777 zwang ihn widerwillig genug und voll böser Ahnungen, seine Residenz nach München zu verlegen, wo er noch 21 Jahre lang regierte.

Karl Theodors Vorgänger, Kurfürst Karl Philipp, hatte einst nach seinem trotzigen Wegzug von Heidelberg mit dem Bau des riesigen Schlosses am Rhein die Umwandlung Mannheims zur Residenzstadt eingeleitet. Karl Theodor vollendete das Werk. Nicht seine Politik oder seine Erfolge auf dem Schlachtfeld, sondern seine kulturellen Schöpfungen machten ihn als glanzvollen Kurfürsten in ganz Deutschland und sogar über die Grenzen des Reichs hinaus berühmt. Unter seiner Regierung verwandelte sich Mannheim in jenes „Neckar-Athen" und „Pfälzische Florenz", von dem er mit Stolz verkündete, man müsse es gesehen haben, wenn man behaupte, Deutschland zu kennen.

Im Zeitalter des Absolutismus war der Hof gesellschaftlicher und machtpolitischer Mittelpunkt des gesamten Staatswesens. In seinem Zentrum stand der Herrscher, um den die Hofgesellschaft in Abstufungen kreiste. Von diesem Bild ausgehend, lag es nahe, den Herrscher mit der Sonne zu vergleichen, um die sich die kleineren Sterne in größerer oder geringerer Nähe drehten. Nicht nur Ludwig XIV. von Frankreich hieß Sonnenkönig, auch Karl Theodor kam in den Genuß dieses Vergleichs. Aus der Nähe oder Ferne zum Herrscher bezog das einzelne Mitglied der Hofgesellschaft Prestige und Ansehen. Leider war die herrscherliche Gunst kein fester, sondern ein stets bedrohter Besitz, der zum ständigen Kampf um Erhaltung und Vermehrung zwang. Hingen doch davon Position und Status in der gesellschaftlichen Hierarchie ab. Fiel jemand in Ungnade, hieß dies Entfernung vom Hofe und Entzug der Gnadensonne. Manch einer überlebte den Sturz in die Finsternis nicht, weil solcher Fall unabhängig von Vermögen und Adelstitel den Ausschluß aus der Gesellschaft zur Folge hatte und dadurch zum Ehrverlust wurde. Unter der gefirnißten Oberfläche des Hoflebens, unter der dünnen Schicht von Glanz und Flitter tobte ein unablässiger Kampf um Gunstanteile, den man mit dem bürgerlichen Konkurrenzkampf um Marktanteile vergleichen kann. Um den Ansehensverlust einer Person herbeizuführen, bedienten sich die Angehörigen der Hofgesellschaft der Intrige als gefährlichster und wirkungsvollster Waffe. Schiller, der seine Beobachtungen des Hoflebens zum Teil in Mannheim machte, ließ Iffland gewähren, der den für sein bürgerliches Schauspiel gewählten Titel „Luise Millerin" zugunsten von „Kabale und Liebe" änderte.

In seinen Memoiren mit dem Titel „Denkwürdigkeiten" schildert der kurfürstliche Kabinettsekretär Stefan von Stengel (1750-1822) teils aus eigenem Erleben, teils aus Erzählungen seines Vaters, des Geheimen Rats Johann Anton von Stengel, das Leben am kurfürstlichen Hof in Mannheim und später in München.[1] Die buchstabengetreue Wiedergabe der 1993 zum ersten Mal vollständig herausgegebenen „Denkwürdigkeiten" erschwert naturgemäß die Lektüre für die mit der Sprache des 18. Jahrhunderts unvertrauten Leser. Deshalb habe ich 14 Textstellen, von denen am ehesten zu vermuten war, daß sie heutige Leser ansprechen könnten, herausgelöst, sie mit dem Ziel besserer Verständlichkeit bearbeitet, ergänzt und in das Deutsch unserer Tage übertragen. Zitate wurden weitgehend, jedoch, um ihnen etwas von ihrer Altertümlichkeit zu belassen, nicht gänzlich dem heutigen Sprachgebrauch angepaßt.

1 Stephan Freiherr von Stengel: Denkwürdigkeiten, hrsg. von Günther Ebersold. Schriften der Gesellschaft der Freunde Mannheims und der ehemaligen Kurpfalz Mannheimer Altertumsverein von 1859 Heft 23. Palatium Verlag im J & J Verlag. Mannheim 1993

Stephan Freiherr von Stengel, der Verfasser der Denkwürdigkeiten.
Repro: Brosch

Kurfürst Karl Philipp 1729. Gemälde von Johann Philipp van der Schlichten. Kurpfälzisches Museum Heidelberg

Die Schrankregierung

Die Eheschließung zwischen dem schüchternen Karl Theodor und der vier Jahre älteren resoluten, selbstbewußten und stolzen Elisabeth Augusta ließ schon vor dem Tod des alten Kurfürsten Karl Philipp unschwer vermuten, in wessen Hand die Zügel der Regierung künftig liegen würden. Solange aber der seinem Herrn treu ergebene Marquis d'Ittre die Regierung führte, konnte die Kurfürstin keinen Einfluß nehmen. Anfang der 50er Jahre zog sich der zermürbte Premierminister angeblich aus Altersgründen in seine Heimat zurück. Damit hatte Elisabeth Augusta freie Bahn. Sie tat sich mit dem alten Erzieher und Beichtvater Karl Theodors, dem Pater Seedorf, zusammen, um dem seines väterlichen Beschützers beraubten Kurfürsten den richtigen Weg auf dem Felde der Politik zu weisen. Wichtige Akten, die dem Kurfürsten zugeschickt wurden, verwahrte dieser in einem großen Schrank im Schlafzimmer. Am Morgen erschienen die Kurfürstin und Pater Seedorf zum Frühstück. Nach dem Mahl erhob sich jedesmal der Pater, schritt mit einer gewissen Feierlichkeit zum Schrank, schloß auf, holte die Akten heraus und legte sie auf den Tisch. Die Regierungstätigkeit begann. Die in diesem Küchenkabinett getroffenen Entscheidungen waren für die Minister maßgebend, und niemand, nicht einmal ein Minister selbst, wagte es, irgendetwas zu unternehmen, ohne diese Regentschaft um Rat gefragt zu haben. So ging es ein paar Jahre. Eines schönen Morgens, als P. Seedorf wieder einmal seiner liebgewonnenen Tätigkeit nachgehen wollte, fand er den Schrank zwar wie immer verschlossen, aber der Schlüssel steckte nicht. Das war das Neue. Der Pater wußte, was die Stunde geschlagen hatte. Der Kurfürst wollte selbst regieren, und nicht einmal die Kurfürstin fand den Mut, nach dem Schlüssel zu fragen. So begann das Eigenregiment Karl Theodors.

Wie sehr die Kurfürstin ihre Verdrängung aus der Staatslenkung schmerzte, mag man daraus ersehen, daß sie nicht ruhte, bis sie Rache geübt hatte. Als Schuldigen machten ihre Parteigänger und Zuträger den Ersten Minister Freiherrn Ernst Wilhelm von Wrede aus. Sie verdächtigten ihn, ob zu Recht oder Unrecht, muß hier unentschieden bleiben, dem Kurfürsten den Rat gegeben zu haben, sich von seiner Mitregentschaft zu trennen. Der im Ruhestand lebende Marquis d'Ittre sah sich aufgefordert, nach Düsseldorf zu kommen, wo sich der Hof 1757 aufhielt, um die Entfernung seines Amtsnachfolgers zu bewirken. Der Kurfürst gab dem Druck höchst widerwillig nach. Wenn er die Feder, mit der er das Entlassungsreskript unterzeichnet hatte, wütend fortwarf, offenbarte er mit dieser Trotzreaktion nur allzudeutlich seine Schwäche. Während Minister von Wrede seine Entlassung aus dem Mund d Ittres erfuhr, begab sich Karl Theodor auf die Jagd. Wrede machte noch den Versuch, den Pater Seedorf, der ihn sieben Jahre zuvor aus Zweibrücken nach Mannheim geholt hatte, zu einer Intervention zu veranlassen, wußte also nicht, wie sehr Seedorf das Werkzeug der rachedurstigen Kurfürstin geworden war. Da der selbstunsichere Karl Theodor jede Begegnung mit dem Verstoßenen vermeiden wollte, erhielt Wrede den Befehl, Düsseldorf vor Rückkehr des Kurfürsten zu verlassen.

Bei der Beurteilung der geschilderten Szene sollte nicht übersehen werden, daß möglicherweise noch andere Gründe für die Entlassung eine Rolle spielten. Der Aufenthalt Karl Theodors im Bergischen Land fiel in die Anfangszeit des Siebenjährigen Kriegs, in dem die Pfalz ganz auf österreichisch-französischer Seite stand. Da Wrede die preußisch-englische Partei unterstützt haben soll, könnte auch hier ein Motiv für den Bruch gelegen haben. Im übrigen bediente sich Karl Theodor noch später der hervorragenden Kenntnis Wredes auf dem Gebiet der Reichsverfassung, indem er ihn in solchen Fragen zu Rate zog.

Wie der Kurfürst zu (s)einer Bibliothek kam

Die Ursprünge der später viel bewunderten kurfürstlichen Bibliothek gehen weit in die Geschichte zurück. Genau genommen bis zum Frieden von Rastatt, wo im Jahre 1714 der Spanische Erbfolgekrieg sein Ende fand. Dieser zwischen Frankreich und Österreich oder besser zwischen Bourbonen und Habsburgern um das spanische Erbe geführte Krieg, der 1701 begann, hatte bereits europäische Dimensionen. Dies gilt nicht so sehr für die Kriegsschauplätze als für die beteiligten und verbündeten Mächte wie Savoyen, Portugal, England, Holland und Preußen. Als in Ungarn ein Aufstand gegen die österreichische Herrschaft losbrach, war damit sogar Südosteuropa in den Krieg verwickelt. Das deutsche Reich außer Kurbayern und Kurköln, die mit Frankreich verbündet waren, stand auf der Seite Österreichs, für das auch kurpfälzische Truppen in den Kampf zogen.

Der Krieg erwies sich für den Blauen Kurfürsten, wie Max Emanuel von Bayern genannt wurde, als besonders verhängnisvoll. Vor den Österreichern, die Bayern besetzten, mußte er fliehen. 1706 traf ihn der kaiserliche Bannstrahl. Von Brüssel aus flehte der Geächtete den französischen König um Geld und Truppen an. Vergeblich. Des einen Uhl ist des anderen Nachtigall, und zwei Jahre später gingen die sehnlichsten Wünsche des pfälzischen Kurfürsten Johann Wilhelm, der in Düsseldorf, wo er vorwiegend residierte, nur als Jan Wellem bekannt war, in Erfüllung. Die alte pfälzische Kurwürde, das Erztruchsessenamt und die Oberpfalz, die während des Dreißigjährigen Krieges an Bayern gekommen waren, fielen an Kurpfalz zurück. Aus Dankbarkeit gründete Johann Wilhelm 1709 den Hubertusorden neu. Doch die Freude währte nur ein paar Jahre bis zum Frieden von Rastatt, wo Bayern zwar voll restituiert wurde, Kurpfalz aber ganz und gar leer ausging. Das Erztruchsessenamt hatte Johann Wilhelm im Überschwang der Gefühle 1708 England-Hannover überlassen. Jetzt weigerte sich dessen Herrscher, die Würde zurückzugeben, so daß Kurpfalz buchstäblich ohne jede Entschädigung aus dem Krieg herauskam.

Als der pfälzische Gesandte, der Minister Freiherr von Hundheim, von Rastatt zurückkehrte, wußte er besser als jeder andere, wie schlecht dort alles für Kurpfalz abgelaufen war. Das Gewicht, das die Pfalz beim Friedensschluß hatte in die Waagschale werfen können, war eben zu bescheiden, um etwas gegen die großen Mächte ausrichten zu können. Als daher der pfälzische Gesandte in Wien, der Kammerherr Graf Johann Wilhelm von Wiser, in aller Öffentlichkeit ausrief, der Friedensvertrag gehöre dem Hundheim auf die Stirn gebrannt, empfand dieser das doch als so ungerecht, daß er sich ob solcher Beleidigung bei seinem Herrn lebhaft

Kurfürst Johann Wilhelm um 1710. Gemälde von Jan Frans Douven. Kurpfälzisches Museum Heidelberg

beklagte. Der Kurfürst gab ihm recht und verlangte von seinem Kammerherrn eine Entschuldigung oder Abbitte, wie man damals sagte. Der halsstarrige Wiser aber lehnte das rundweg ab und blieb bei seinem einmal getroffenen Urteil. Der darüber empörte Kurfürst ließ ihn arretieren und auf die Festung Jülich bringen. Johann Wilhelm starb schon bald danach im Jahre 1716. Nachfolger war sein Bruder Karl Philipp. Dieser ließ dem Gefangenen einige Male die Freiheit anbieten, wenn er seine einstige Aussage widerrufe, doch Wiser wollte davon nichts hören und blieb also weiter in Arrest.

32 Jahre später besuchte der junge Karl Theodor seine niederrheinischen Provinzen. In Düsseldorf erzählte man ihm von dem langjährigen Gefangenen, der da in Jülich schmachtete. Karl Theodor bot ihm ohne jede Bedingung die Freiheit an, denn der einst Beleidigte war damals schon seit 22 Jahren tot. Aber Graf Wiser, der im 82. Lebensjahr stand, hatte sich so an die Gefangenschaft gewöhnt, daß er keine Sehnsucht nach der Freiheit hatte. Um aber seine Erkenntlichkeit zu beweisen, schenkte er Karl Theodor seine ansehnliche Büchersammlung, die den Grundstock der später so gerühmten pfälzischen Bibliothek bildete.

Wie sich der Maler Hoffmeister zu Tode grämte

Es war im Jahre 1772. Graf Sickingen, der kurpfälzische Gesandte in Paris, bestellte bei dem Mannheimer Maler Johann Peter Hoffmeister ein Porträt des Kurfürsten, das er in seiner Pariser Wohnung aufzuhängen gedachte. Auf Bitten Sickingens hatte der Kurfürst dem Maler die Gunst erwiesen, mehrmals Modell zu sitzen. Karl Theodor tat dies, weil Hoffmeister bereits seine Geliebte, die Gräfin Heydeck, zu seiner vollen Zufriedenheit gemalt hatte. Nun war das Bild fertig. Es gefiel, und da der Kurfürst höchstselbst nichts daran auszusetzen fand, wagten auch die ewigen Neider und Nörgler, von denen es ja überall genug gibt, nicht, Kritik zu äußern. So wäre nun alles in bester Ordnung gewesen, und man brauchte kein Prophet zu sein, um Hoffmeisters Aufstieg sicher vorauszusagen. Leider kam aber alles ganz anders. Als Hoffmeister sein Honorar bei der Hofkammer einstreichen wollte, verabreichte man ihm 100 Dukaten und keinen Kreuzer mehr. Auf seinen Protest hin, daß er 200 Dukaten zu beanspruchen habe, belehrte ihn der Beamte, daß ein Porträt in Lebensgröße und ganzer Figur zwar tatsächlich 200 Dukaten bringe, dies aber nur, wenn es von einem „wirklichen“ Hofmaler gefertigt worden sei. Da er, Hoffmeister, kein Hofmaler sei, habe es mit den 100 Dukaten schon seine Richtigkeit, was schließlich ein schönes Sümmchen sei, und damit basta. Der Beamte zählte dem Erblaßten seine 100 Dukaten auf den Tisch, brummte etwas von unangemessener Unzufriedenheit und ließ ihn stehen. Hoffmeister schob das Geld schließlich in einen Beutel und ging nach Hause.

Nach unruhig verbrachter Nacht kam ihm am nächsten Tag sein Elend voll zu Bewußtsein. Es ging ihm nicht um die 100 Dukaten, es war die damit verknüpfte Herabwürdigung seines Werks, seiner Fähigkeiten, seines Talents, die ihn unendlich zu schmerzen begann. Niemand vermochte ihn vom Gefühl der öffentlichen Demütigung zu befreien. Das Argument der Freunde, die Bezahlung drücke kein Werturteil aus, da er nun einmal kein Hofmaler sei, erreichte sein Ohr, nicht aber sein Herz. Zusehends verdüsterte er, verweigerte die Nahrung, schlief nicht mehr, hatte nur noch einen Gesprächsstoff: seine Mißhandlung. Als ihn der kurpfälzische Kabinettsekretär Stefan von Stengel an einem der folgenden Nachmittage besuchte, erschrak er über das veränderte Aussehen des Malers. Fast hätte er ihn nicht wiedererkannt. Aschgrau, das Gesicht eingefallen, starrte ihn Hoffmeister aus tiefliegenden Augen an, um nach kurzer Besinnung auf seine Geschichte zu sprechen zu kommen. Dabei schoß ihm das Blut in die Wangen, während er stoßweise sein unverdientes Schicksal beklagte. Stengel dauerte der Mann. Er versprach, etwas für den Unglücklichen zu tun. Schon am nächsten Morgen bot sich die Gelegenheit, als er dem Kurfürsten vom Gram des Malers berichten konnte. Karl Theodor bewilligte jene 100 Dukaten aus der Kabinettskasse, die die Hofkammer so beharrlich verweigert hatte. Stengel ließ sich die Summe auszahlen und begab sich zu Hoffmeister. Er klopfte. Der Farbenreiber öffnete. Wo Hoffmeister sei, fragte Stengel. Stumm wies der Mann hinter die geöffnete Tür. Auf einem Bund Stroh lag die Leiche des Malers. Er war am Morgen verstorben.

Der Schwetzinger Doppelmord

Verletzte Ehre spielt auch in der folgenden Geschichte ihre unglückselige Rolle. Hauptperson ist der erste Leibwundarzt des Kurfürsten namens Bechtler. Schon sein Vater hatte dieses Amt inne. Nach dessen Tod übernahm der Sohn, der damals gerade zur Weiterbildung in Paris weilte, die Stelle. Der junge Bechtler war ein aufgeweckter, heller Kopf, als er Mannheim verließ. Der Heimkehrer präsentierte sich als perfekter Pariser und Hofmann vom feinsten Schliff. Gefällig, witzig, anpassungsfähig, aber auch überheblich, ein bißchen unverschämt und auf den biederen Mannheimer herabblickend, durfte er bald als brillanter Unterhalter und Gesellschaftslöwe in keinem Kreis fehlen. Obwohl ihn seine offen zur Schau getragene Areligiosität, seine Spottsucht und Verachtung des guten deutschen Brauchs mancher Mutter einer heiratsfähigen Tochter verdächtig machte, wurde er fast überall gerne gesehen.

Am Ende des Siebenjährigen Krieges erschien in Mannheim ein gewisser Anton Winter. Er brachte eine Empfehlung des Grafen Wurmser mit, in dessen Truppe er als Wundarzt den Krieg mitgemacht und reichlich Erfahrungen gesammelt hatte. Der 29jährige Winter, der in Mannheim niemand kannte, gewann die Gunst Dominik Pierrons, eines kurfürstlichen Kammerdieners. Beziehungen sind im Leben alles, und da Pierron nicht ein Kammerdiener, sondern der besondere Liebling Karl Theodors war, schlug der Kurfürst dessen Bitte, dem Freund einen Posten bei Hofe zu verschaffen, nicht ab. So wurde Winter Chirurgien consultant, also beratender Wundarzt. Das war nicht eben gerade viel, aber immerhin etwas. Was sich daraus machen ließ, das wollte Pierron tun.

Als Karl Theodor im nächsten Jahr zur Ader gelassen werden wollte, schlug Pierron vor, dazu einmal Winter heranzuziehen. Er sei auf diesem Gebiet äußerst geschickt, so daß keine Gefahr bestehe. Im übrigen könne Bechtler ja einmal krank sein, wenn er gebraucht werde, und da sei es gut, wenn Winter schon mit der kurfürstlichen Physis vertraut sei. Karl Theodor war dies alles herzlich gleichgültig. Um seinem Liebling den Gefallen zu tun, stimmte er zu, und so kam Winter zu seiner ersten medizinischen Dienstleistung an der Person des Kurfürsten.

So unbedeutend dies alles gewesen sein mochte, bei Hofe erregte der Arzttausch ungeheures Aufsehen. Hätte Winter einen Toten zum Leben erweckt, hätte die Aufregung nicht größer sein können. Tratsch und Klatsch wollten kein Ende nehmen. Selbst in der Stadt war der armselige Aderlaß das Tagesgespräch. Bechtlers Feinde, - offenbar hatte er plötzlich deren mehr als Freunde - , verkündeten bereits triumphierend seinen

Sturz und die Entfernung vom Hofe. Nur einen ließ das allgemeine Gerede kalt. Bechtler selbst. Er gab sich Winter und Pierron gegenüber unverändert freundlich, und wenn ihn jemand direkt auf den Aderlaß hin ansprach, zeigte er sich erstaunlich gelassen. Er gab dem Kurfürsten recht, die Probe gemacht zu haben, und meinte, eigentlich schicke sich diese Dienstleistung für den ersten Leibwundarzt gar nicht. So verebbte das Geschwätz allmählich, und bald sprach niemand mehr von dem Geschehenen.

Im Juni weilte der Hof wie jedes Jahr im Sommer in Schwetzingen. Bechtler hatte den Tisch mit den Hofkaplänen und Kammerdienern. Eines Tages erschien er verspätet zum Mittagessen. Die Suppe war schon abgetragen. Die harmlosen Neckereien erwiderte er in gewohnt witziger Weise, redete viel und gab sich lustiger denn je. Als der Nachtisch aufgetragen wurde, verlangte er seine Abendportion Wein, da er nicht anwesend sein werde. Das war nichts Außergewöhnliches. Nach dem Essen standen die Hofbediensteten noch ein Weilchen in Gruppen beisammen. Bechtler, auf den niemand weiter achtete, näherte sich Pierron, als wolle er ihm eine Mitteilung machen. Plötzlich zog er ein Messer, das er sich kurz zuvor ausgeliehen hatte, und stach den Kammerdiener in die Brust. Dann versetzte er sich selbst zwei Stiche, indem er seine Tat französisch kommentierte: „Cela est pour toi et ceci pour moi." Pierron preßte die Hand auf die Wunde, um den Blutstrom zu stoppen, und lief weg. Bechtler, der ihn verfolgte, brach an der Tür zusammen. Man brachte ihn nach Hause, wo er sich nach dem Befinden Pierrons lebhaft erkundigte. Als er hörte, daß Pierron noch lebe und vielleicht sogar überleben könne, weil die Ärzte die Hoffnung noch nicht aufgegeben hätten, lachte er verächtlich. Er wisse, wohin man stechen müsse, wenn man treffen wolle, sagte er. Jedermann wußte, daß auf Bechtlers Tat die Todesstrafe stand. Um den Delinquenten hinrichten zu können, mußte er leben. Doch Bechtler machte alle ärztlichen Bemühungen zunichte, ihn zu retten, indem er die eben angelegten Verbände sogleich wieder herunterriß. Er starb noch am gleichen Abend.

Da Selbsttötung in der damaligen Zeit als Mord eingestuft wurde, galt Bechtler als Doppelmörder. Seine Beerdigung war nicht Sache des Pfarrers, sondern des Schinders oder Abdeckers, dessen übliche Aufgabe darin bestand, verendete Tiere zu beseitigen. Er lud den „Kadaver" Bechtlers auf seinen Karren und verscharrte den Leichnam im Wald zwischen Seckenheim und Neckarau, den es damals noch gab und der so groß war, daß man sich darin verirren konnte. Acht Tage darauf starb Pierron, der natürlich ein christliches Begräbnis erhielt.

Der Sturz des Grafen Goltstein

Johann Ludwig Graf Goltstein (1719-1776), kurpfälzischer Statthalter in den niederrheinischen Provinzen Jülich und Berg und seit 1774 Finanzminister in Mannheim, muß ein recht ungehobelter Zeitgenosse gewesen sein. Obwohl ihm offenbar jede höfische Politur abging, war Karl Theodor von ihm tief beeindruckt, denn er hatte ihn einmal mit unübertrefflicher Würde eine Prise (Schnupftabak) nehmen sehen. In Finanzsachen grenzte Goltsteins Sparsamkeit an Geiz, sein Geiz an Erbarmungslosigkeit. Als ihn eine Witwe von Hundheim um eine höhere Pension anging, weil sie neun Kinder zu versorgen habe und mit dem Geld, das man ihr zukommen ließ, nicht auskomme, antwortete er ihr in aller Derbheit: „Wenn ihr sie nicht ernähren könnt, hättet ihr Euch das Kinderloch sollen zunähen lassen.“ Die empörte Frau hielt die Worte des Ministers nicht geheim. Sie machten die Runde und gelangten auch zum Kurfürsten. Dieser mißbilligte Goltsteins Verhalten, schwieg aber.

Erst eine andere Geschichte machte das Maß voll. Der Hofbildhauer, Hofbaumeister und Direktor der Zeichnungsakademie Peter Anton Verschaffelt aus Gent war ein mindestens ebenso ungeschliffener Patron wie Goltstein, dazu höchst selbstbewußt und stolz. 1769 beschlossen die brabantischen Stände, ihren in Mannheim lebenden und wirkenden Landsmann mit der Herstellung des Bronzestandbildes ihres Statthalters, des Prinzen Karl von Lothringen (1712-1780), zu beauftragen. Der Prinz, der mit den Habsburgern in Wien auf doppelte Weise verbunden war (Er war mit der Schwester Maria Theresias Maria Anne (1718-1744) verheiratet und war ein Bruder ihres Gemahls, des Kaisers Franz I.), genoß die Sympathien der Belgier, die ihm für seine dem Land geleisteten Dienste mit der Statue danken wollten.

Das fast vier Meter hohe Denkmal zeigt Karl von Lothringen in der Pose eines römischen Feldherrn mit Panzer und langem Mantel, den er mit der linken Hand zurückschlägt. Die unnatürlich vorgestreckte Rechte hält einen Regentenstab. Um die Statue auf ein Rheinschiff verladen zu können, verlangte Verschaffelt die Flaschenzüge und Seile, die beim Bau der Jesuitenkirche Verwendung gefunden hatten. Die Hofkammer fragte bei ihrem Chef an, ob das wohl erlaubt werden könne, doch Graf Goltstein sagte schlicht Nein. Er ließ mitteilen, Verschaffelt habe sich die Statue von den Auftraggebern teuer genug bezahlen lassen und 80.000 fl erhalten. Für den Transport von der Werkstatt zum Rheinhafen solle er nun selbst aufkommen. Der an solche Zurückweisungen nicht gewöhnte Künstler schnaubte vor Wut. Er schrieb auf Französisch zurück, seine Kunst sei offenbar nicht für „cuistres“. Dieses Wort kann manches bedeuten, es

Peter Anton Verschaffelt. *Repro: Brosch*

kann Pedant, (lächerlicher) Kleinigkeitskrämer, aber auch Trottel heißen. Dem Minister war es zu starker Tobak, wie immer man es auslegen mochte. Er ließ Verschaffelt rufen. Im Vorzimmer war Stroh geschüttet, auf dem zwei Korporale dem unverschämten Lümmel 25 Prügel auf das Hinterteil zu verabreichen hatten. Es kam nicht dazu, weil einige Freunde des Grafen zusammen mit seiner Tochter, einer Hofdame, ihn abzuhalten vermochten. Seine Zurückhaltung im letzten Augenblick nützte ihm freilich nichts mehr. Das Gerücht, das auch zum Kurfürsten drang, nahm die Absicht für die Tat. Karl Theodor handelte auf seine Weise. Da er sich wie stets scheute, einen seiner bisher geschätzten Untertanen von Angesicht zu Angesicht aus dem Dienst zu stoßen, wählte er den schon von anderen Fällen her bekannten Weg. Goltstein erfuhr durch Reskript seine Entlassung aus dem Ministeramt. Binnen 24 Stunden hatte er Mannheim zu verlassen und sich auf seinen Statthalterposten in Düsseldorf zurückzuziehen. Um jedem Zusammentreffen mit dem Geschaßten zu entgehen, hatte sich der Kurfürst auf die Schnepfenjagd nach Wiesloch begeben.

Der Verlust der Herrschergunst hatte gesellschaftliche Folgen. Der vom Bannstrahl Getroffene stand blitzartig allein da. Alle Freunde, Vertrauten, Bekannten, Untergebenen fielen von ihm ab, mieden ihn von Stund an wie die Pest. Als Stefan von Stengel den Gebrandmarkten noch abends besuchte, kam er sich selbst wie ein Abenteurer vor, der es wagte, über die Schwelle des Gebannten zu treten. Goltstein, vor dem noch am Morgen alle Welt gezittert hatte, weinte wie ein Kind, als er den Besucher bemerkte, dessen Tröstungen freilich vergeblich blieben. Goltstein überlebte seinen Fall in tiefste Tiefen nicht lange und starb bald danach. Auch der Statue war kein langes Leben beschieden. 20 Jahre nach ihrer feierlichen Enthüllung wurde sie im Verlauf der Revolutionskriege von den siegreichen Franzosen umgestürzt, abtransportiert und eingeschmolzen.

Prof. Dr. Walter macht auf Unstimmigkeiten in der Erzählung Stengels aufmerksam, wobei er sich auf die Berichte des sächsischen Gesandten am Mannheimer Hof, des Grafen Riaucour, stützt. Folgt man diesen Ausführungen, muß die Statue, die im Februar 1773 gegossen wurde, 1774 fertig gewesen sein. Sie wurde am 4. Januar 1775 in Brüssel enthüllt. Die Auseinandersetzung zwischen Verschaffelt und Goltstein kann sich also nur kurz nach Goltsteins Amtsantritt in Mannheim, der Mitte Juli 1774 erfolgte, ereignet haben. Da Goltstein erst im März 1776 entlassen wurde, dürfte klar sein, daß der erwähnte Streit nicht der Anlaß dazu war. Wahr ist hingegen, daß Goltstein bald nach seiner Entlassung starb.

Wie das Lotto nach Mannheim kam

Die Einführung des Lotto di Genua in der Pfalz ist auf so groteske Weise mit der Person des damaligen Premierministers Freiherrn von Beckers verknüpft, daß auf dessen Lebensumstände zuvor ein wenig eingegangen werden muß.

Der 1695 geborene Heinrich Anton Beckers wurde 1729 geadelt, 1739 Ritter und 1741 als Freiherr von Westerstetten baronisiert. 1734 war er Hofgerichtsrat, 1743 Kriegskommissariatsvizedirektor, 1746 Hofkammerdirektor, 1748 Hofkammervizepräsident, 1756 Hofkammerpräsident und Finanzminister. Von 1737 bis 1740 wirkte er als Gesandter in Wien, von 1743 bis 1748 in Berlin und von 1749 bis 1756 wieder in Wien. Seit 1771 leitete er die kurpfälzische Außenpolitik und war dadurch Erster Minister. Angeblich war er durch die Heirat einer „abgelegten" kurfürstlichen Mätresse, der Bäckerstochter Eleonore Huber, Karl Theodor besonders wert.

Beckers war ganz offensichtlich ein schwieriger Charakter, und es war nicht einfach, mit ihm umzugehen. Seine mimosenhafte Empfindlichkeit mag der folgende Vorfall bezeugen. Beckers hatte ein geheimgehaltenes Verhältnis mit der Stieftochter des Mannheimer Knopfmachers Beer. An einem Winterabend kam der Hofkammervizepräsident Blesen just in dem Augenblick an dem Hause Beers vorbei, als Beckers es verließ. Beide Männer waren in Wildschure gehüllt, Beckers in die eines Weißbären, Blesen in die eines Wolfs. Blesen hielt bei der spärlichen Beleuchtung den Heraustretenden für den Knopfmacher und grüßte ihn mit „Guten Abend, Herr Beer (Bär)." Beckers glaubte wohl, die Anrede gelte seiner Kleidung und antwortete: „Schönen Dank, Herr Wolf." Da erkannte Blesen Beckers an der Stimme. Noch am gleichen Abend erzählte er die lustige Begebenheit im Freundeskreis. Sie kam Beckers zu Ohren, der seine geheime Verbindung aufgedeckt und dem Spott preisgegeben sah. Über viele Jahre hinweg war er nun der unversöhnliche Feind Blesens.

Beckers wußte, was er als Finanzminister seinem Herrn schuldig war: die Erschließung neuer Einnahmequellen. Dazu konnte auch die Einführung des Lotto dienen. Um hinter dessen Geheimnisse zu kommen, schickte er einen gewissen Heinrich Rigal nach Italien, der die Einrichtung des Lotto di Genua auskundschaften sollte. Dafür versprach ihm Beckers die Direktion der künftigen pfälzischen Lottogesellschaft und Gewinnbeteiligung dazu. Rigal nahm den Auftrag ernst und ging gründlich zu Werke, was bedeutete, daß er seinen Aufenthalt in Italien recht lange ausdehnte.

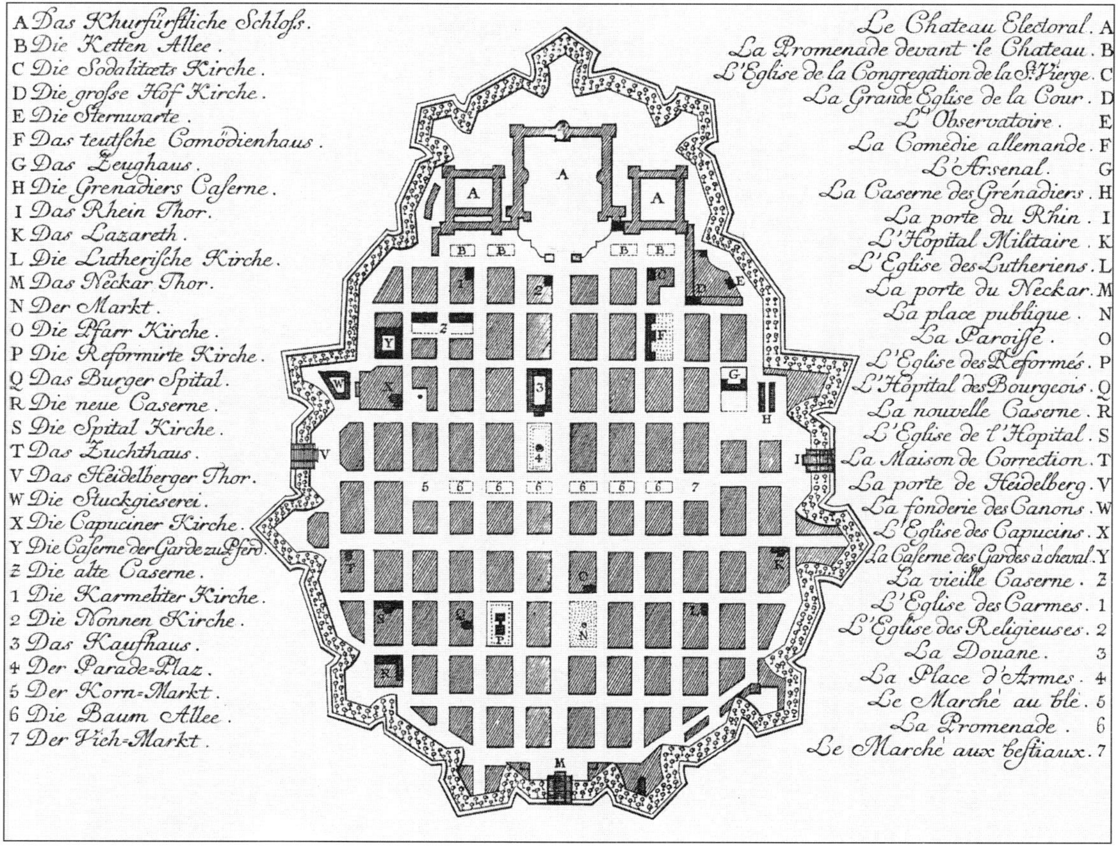

Stadtplan von Mannheim

Inzwischen war ein aus Lyon stammender, aber aus Amsterdam entlaufener windiger Geselle namens Saint-Martin in Mannheim eingetroffen, der herausfordernd behauptete, alle Kenntnisse in Sachen des Lotto di Genua zu besitzen. Er wandte sich an Minister Beckers, der aber mit dem lumpigen Abenteurer, dem der Ruf eines Bankrotteurs anhaftete, nichts zu tun haben wollte. Saint-Martin erkannte, worauf es nach dieser Abfuhr ankam. Aufs Äußere. Der Mannheimer Zuckerbäcker Schäfer ließ sich herab, dem Amsterdamer „Banquier" einen anständigen schwarzen Rock machen zu lassen. Jetzt konnte sich Saint-Martin schon eher sehen lassen. Er gewann die Bekanntschaft des Kammerdieners Rogister, der ihm wiederum den Zutritt zu dem Minister von Zedtwitz vermittelte. Der Minister hörte sich die Vorschläge Saint-Martins an und trug sie dem Kurfürsten vor. Karl Theodor garantierte das Lotto mit einer saftigen Summe, Zedtwitz und Saint-Martin erhielten Gewinnanteile, und so wurde im Jahr 1764 das pfälzische Lotto di Genua aus der Taufe gehoben. Inzwischen war Rigal aus Italien zurückgekommen. Obwohl erst abends in Heidelberg eingetroffen, säumte er nicht, am nächsten Morgen nach Mannheim zu reisen, um seinem Gönner die Pläne vorzulegen.

Das Haus Beckers', das dem des Obristjägermeisters Freiherrn von Hacke wie ein Ei dem anderen glich, lag im Nachbarquadrat und war wie jenes das nordwestliche Eckhaus. Rigal verwechselte die Häuser, sprach bei Hacke vor und erfuhr, daß Seine Exzellenz auf dem Lande seien und erst in einer Woche zurückkämen. Das war Pech. Um nicht ganz umsonst nach Mannheim gefahren zu sein, begab sich Rigal ins Schloß, wo er mit dem Freiherrn von Zedtwitz und dem Hofkanzler Freiherrn von Reibeld über seine Erfahrungen in Italien sprach. Die beiden berichteten Beckers davon, der sich übergangen und zurückgesetzt fühlte. Als Rigal eine Woche später seinen Irrtum entdeckte, war es zu spät. Er wurde niemals mehr vorgelassen, seine Briefe blieben unbeantwortet. So mußte er seinen Irrtum teuer bezahlen, während Saint-Martin einen märchenhaften Aufstieg nahm. Der Hofkammer- und Kommerzienrat wurde schon 1770 Geheimer Rat und 1785 in den Grafenstand erhoben. Als Chef der pfälzischen Lotterie, die auch in Düsseldorf vertreten war, trug er den Titel Lotteriegeneraladministrator. Der pompöse Grabstein in der Mannheimer Heiliggeistkirche (zuerst in der Nonnenkirche) bezeugt noch heute sein hohes Ansehen. Die Grabinschrift lautet:

HIC IACET
CLAUDIUS MARTINUS A SANCTO MARTINO SACRI ROMANI IMPERII COMES
SESELLII IN BEUGESIA DIE OCT. 23. ANNO 1729 NATUS
MONACHII IN BAVARIA DIE NOV. 30. 1799 DEFUNCTUS
CUI FILIA SUPERSTES UNICA AB EAQUE NEPOTES GRATISSIMI HOCCE AMORIS SIMUL ET DOLORIS MONUMENTUM PIE AC REVERENTER EREXERE
REQUIESCAT IN PACE

Übersetzt:

Hier liegt Claudius Martinus von St. Martin, des Heiligen Römischen Reiches Graf,
Geboren am 23. Oktober 1729 in Seyssel / Region Bugey,
Gestorben in München in Bayern am 30. November 1799,
Dem seine einzige überlebende Tochter und die dankbaren Enkel
Dieses Denkmal der Liebe und des Schmerzes in frommer Ehrfurcht errichtet haben.
Er ruhe in Frieden.

Der kurpfälzische Hofhistoriograph und Hofbibliothekar Carl Theodor von Traitteur (1756-1830) weiß von der Beauftragung Rigals durch Bekkers nichts, berichtet aber andere Details aus Saint-Martins Leben. Doch bleibt auch hier die Herkunft in Dunkel gehüllt. Gerüchten zufolge sei dieser ein getaufter Jude oder ein bankrotter Kaufmann aus Lyon gewesen. In Mannheim sei er als Bevollmächtigter des holländischen Handelshauses Cassa nova in der Absicht aufgetreten, mit einem Grundkapital von 300.000 fl eine pfälzische Lotteriegesellschaft zu begründen. Am 25. August 1764 wurde dafür die Genehmigung erteilt, so daß die Lotterie unter dem Generalkommissariat des Ministers Freiherrn von Zedtwitz ins Leben treten konnte.

1769 heiratete Saint-Martin die Tochter Verschaffelts Ursula, die nach elfjähriger Ehe 1780 starb. Schon als Hofkammerrat verkehrte Saint-Martin im Hause von Zedtwitz. Um Anerkennung in den gesellschaftlich führenden Kreisen zu finden, verlieh oder verschenkte der rasch zu Vermögen kommende „Banquier“ größere Summen und gab üppige Gastmähler. Dem Grafen, der in der Standesliste den Baron von Zedtwitz überragte, standen die Türen der pfälzischen Adelshäuser offen. So verheiratete er seine Tochter Ursula mit dem Bruder der Freifrau von Zedtwitz, Casimir Freiherrn von Herding (1754-1811), und ehelichte diese nach dem Tode ihres Mannes heimlich. Die Heimlichkeit der Eheschließung ging auf den Wunsch der Witwe zurück, die weder ihre 1.000 Taler Pension noch den Titel Exzellenz verlieren wollte.

Ursula Freifrau von Herding brachte 1780 eine Tochter Maria Magdalena zur Welt, die den Fürsten Carl Theodor von Isenburg-Birstein heiratete. Dieser entstammte der Ehe von Friedrich Wilhelm Prinz von Isenburg-Birstein und Franziska Gräfin von Parkstein. Letztere war die Tochter aus der Verbindung des Kurfürsten Karl Theodor und Françoise Desprès-Verneuil. (s. dazu „Mätressenwirtschaft am Mannheimer Hof")

Grabmal des Grafen St. Martin v. Theodor Wagner, Stuttgart
Heilig-Geist-Kirche, Mannheim

Pater Frank

Zu den umstrittensten Gestalten am Mannheimer und Münchner Hof gehörte ohne Zweifel der Exjesuitenpater Ignaz Frank. Der aus der Markgrafschaft Baden stammende Frank wirkte lange Jahre als Missionar im Elsaß und kam nach Aufhebung des Jesuitenordens in Frankreich nach Mannheim. Sein Hang zur Geschwätzigkeit, die es mit der Wahrheit nicht so genau nahm, seine ausgeprägte Bereitschaft, sich in die Angelegenheiten anderer einzumischen, vor allem in sämtliche weiblichen Familien- und Herzenssachen, hier zu trösten, da zu raten, dort zu kuppeln, verschafften ihm bald einen sagenhaften Ruhm. Nicht zuletzt die Damen von Stand lagen ihm zu Füßen, und es wurde Mode, ihm zu beichten oder zumindest sein Loblied zu singen.

Nach dem Tod von Karl Theodors Mätresse Françoise Desprès-Verneuil im Jahre 1765 wurde deren dreijährige Tochter Karoline Gräfin von Parkstein dem Minister von Zedtwitz und seiner Frau zur Aufsicht übergeben. Das Kind war fast taub und konnte kaum verständlich sprechen. Als Zedtwitz wegen eines Religionslehrers für die kleine Gräfin beim Kurfürsten vorsprach, wandte sich dieser wiederum an seinen Geheimen Rat von Stengel. Der Rat kam in einige Verlegenheit, schlug aber dann den damals allseits gerühmten Pater Frank vor, der wegen seines langjährigen Aufenthalts im Elsaß der französischen Sprache mächtig war.

Frank erhielt also das Pöstchen und konnte mit seiner Erziehungsarbeit beginnen. Ein anderer hätte wahrscheinlich versucht, dem Kind einige religiöse Grundsätze beizubringen, um seiner Aufgabe gerecht zu werden. Frank mißbrauchte sein Ämtchen, um seine eigene Karriere zu fördern. Jedenfalls hatte er von nun an einen Grund, täglich mit dem Kind beim Kurfürsten zu erscheinen, etwas mitzuteilen, etwas nachzufragen und sich auf diese Weise bei Hofe einzuschleichen. Nach einigen Wochen behauptete er, daß es seiner aufopferungsvollen Mühe zu verdanken sei, wenn das Kind deutlich sprechen könne. Weiß Gott, mit welchen Mitteln Frank den Kurfürsten davon überzeugen konnte. Aber nachdem Karl Theodor nun einmal den sprachlichen Fortschritt bestätigt hatte, wagte bei Hof niemand mehr zu widersprechen, mochte das Mädchen auch noch genauso unverständlich daherlallen wie vorher. Es war wie mit des Kaisers neuen Kleidern. Übrigens dürfte es sich bei der Sprechbehinderung um einen organischen Schaden gehandelt haben, dem mit Sprachübungen gar nicht beizukommen war. Die Gräfin blieb denn auch bis zu ihrem Lebensende schwerst sprachbehindert.

Johann Georg Anton von Stengel, der Vater Stephans. *Repro: Brosch*

Frank aber hatte sein Ziel erreicht. Der Kurfürst, der große Abneigung gegen neue Gesichter in seiner Umgebung empfand, faßte Vertrauen, gewöhnte sich an den Pater und die Unterhaltungen mit ihm, beichtete ihm und machte ihn schließlich zum Hofprediger, wenn auch niemals zum offiziellen Beichtvater. Frank, der zeit seines Lebens ein Kleingeist, aber ein großer Angeber blieb, posaunte seine Wichtigkeit bei Hofe überall und selbst von der Kanzel aus, rühmte sich der Intimität mit dem Kurfürsten, verwies auf seine erfolgreichen Teufelsaustreibungen, seine Ehestiftungen und seine Kenntnis vieler Geheimnisse. Immer wieder machte er seinem Haß auf Papst Klemens XIV. Luft, weil dieser den Jesuitenorden aufgehoben hatte.

Wenn auch nicht alles dem Kurfürsten zu Ohren kam, so genügte schon das Wenige, um Karl Theodor zu einer gewissen Distanz zu veranlassen. Zu einer erneuten Annäherung kam es in München. Die Illuminatenverschwörung, die sich gegen Thron und Altar richtete, führte Kurfürsten und Frank wieder näher zusammen. Als die Französische Revolution ausbrach, lief Frank mit den Worten: „Da haben wir's jetzt, da haben wir's jetzt, was die Illuminaten bezwecken“ in völliger Aufregung zum Kurfürsten, um den neuen Bund zwischen Kirche und Fürsten zu besiegeln. Dennoch verlor Karl Theodor kein Wort des Bedauerns, als er vom Tode Franks im Jahre 1795 vernahm.

Eine Groteske: Lessing in Mannheim

Erwies sich schon die räumliche Unterbringung des künftigen Nationaltheaters als schwierig, so brachen über der Frage seiner Leitung die größten Streitigkeiten aus. Während Stefan von Stengel den Leiter des herzoglich Sachsen-Gothaischen Hofschauspiels, den „Heldenvater" Konrad Ekhof, als Direktor vorschlug, konnte sich Theobald Marchand aus Straßburg, der mit seiner Truppe schon für einige Monate in Mannheim gastiert und in Schwetzingen vor der Hofgesellschaft gespielt hatte, letztlich durchsetzen. Er verfügte über gute Beziehungen und hatte seine Zelte sozusagen im Vorzimmer des Kurfürsten aufgeschlagen. Dennoch blieb die Stelle eines Intendanten, der dem Direktor übergeordnet war, unbesetzt.

Als die Hofkammer wieder einmal für die ständig anwachsenden Baukosten eintreten mußte, glaubte der damalige Finanzminister Freiherr von Hompesch auch das Recht beanspruchen zu können, den Intendanten zu bestimmen. Im Frühjahr 1777 berief er unter Vermittlung des Hofbuchhändlers Schwan den Dramaturgen, Dramatiker, Dichter und Aufklärungsphilosophen Gotthold Ephraim Lessing, der seit dem Vorjahr Mitglied der Mannheimer Akademie der Wissenschaften war. Mitte Januar 1777 kam Lessing nach Mannheim, lehnte es aber nach mehrwöchigen Verhandlungen und Einblick in die Mannheimer Verhältnisse ab, die Leitung des Nationaltheaters zu übernehmen. Er wolle zwar nicht mit Ratschlägen geizen, meinte er, verstand sich jedoch zu mehr nicht. Im Nachhinein begründete er seine Absage mit dem provinziellen Charakter des künftigen Theaters. In Mannheim verstehe man unter einem Nationaltheater eine Spielstätte, wo pfälzische Schauspieler, deren Hauptsorge der reichliche Unterhalt bis an ihr Lebensende sei, die Stücke pfälzischer Dichter aufführten.

Für Hompesch war die Situation peinlich, und so verfiel er auf den Gedanken, dem berühmten Gast, den man doch nicht einfach wieder nach Hause schicken konnte, die Oberleitung der Universität Heidelberg zu übertragen. Lessing war einverstanden. Er ließ sich mit einem „Hofwagen" nach Heidelberg bringen, um die Hohe Schule in Augenschein zu nehmen und sich einen Überblick über sein neues Wirkungsfeld zu verschaffen. Er ahnte freilich nicht, welche Lawine er damit lostreten sollte.

Die Landesuniversität Heidelberg unterstand dem Minister Freiherrn von Oberndorff, dessen Empörung über die Anmaßung des Amtskollegen keine Grenzen kannte. Dennoch war er ebenso vorsichtig wie feige und

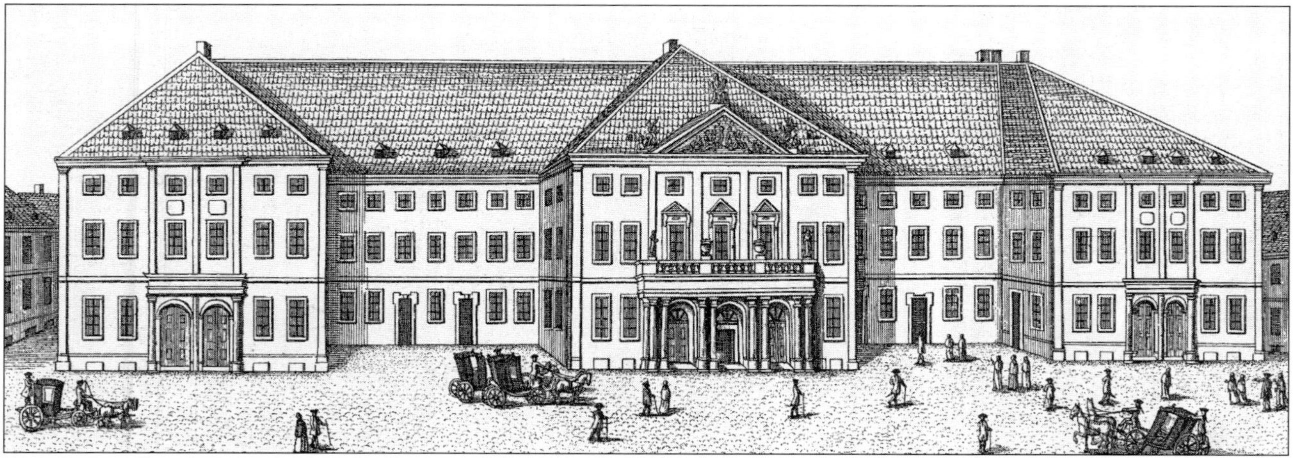

Das Mannheimer Nationaltheater 1782. Kupferstich von den Gebrüdern Klauber nach einer Zeichnung von Schlechten

stachelte den Hofprediger Pater Frank auf, den Protest beim Kurfürsten vorzubringen. Frank hatte leichtes Spiel. Sein Entsetzensschrei, die Nationalerziehung werde einem Ketzer und leibhaftigen Protestanten ausgeliefert, die katholische Religion in einen Abgrund gestoßen, löste das gewünschte Echo aus. Das durfte und konnte nicht zugelassen werden. Der Kurfürst ließ Stefan von Stengel kommen. Dieser erhielt die Aufgabe, Lessing mit Geld und guten Worten abzuschieben. Eine goldene Dose mit Dukaten, ein Sortiment goldener Medaillen der pfälzischen Kurfürsten von Otto dem Erlauchten bis Karl Theodor, Übernahme der Gasthausrechnung und viele Lobpreisungen aus kurfürstlichem Mund sollten Lessing die schleunige Abreise versüßen. Man hatte Erfolg. Lessing reiste ab und ersparte der Kurpfalz das grauenvolle Kuriosum eines evangelischen Universitätsrektors.

Franz Karl Freiherr von Hompesch-Bollheim. *Repro Brosch*

Ehe und Kinderlosigkeit der Kurfürstin

Zu den großen Belastungen im Leben des Kurfürsten Karl Theodor gehörte die Kinderlosigkeit seiner Frau. Nachdem eine Inkognito-Kurreise nach Wiesbaden 1749 zu nichts geführt und die Feststellung einer Schwangerschaft 1751 sich als falsch erwiesen hatte, schien das Jahr 1761 doch noch Hoffnung auf die Geburt eines Stammhalters zu bringen. Die ganze Pfalz frohlockte „ob des Höchstgesegnet schwangeren Leibes“ der Kurfürstin. Am 23. März ordnete Karl Theodor die Teilnahme des Volkes an dem „frohen Ereignis“ an, indem er Psalm 113, Vers 9 „der die Unfruchtbare im Hause wohnen macht, daß sie eine fröhliche Kindermutter wird“ den verschiedenen Bekenntnissen als Predigtgrundlage für einen Bittgottesdienst anbefehlen ließ, der gedruckt werden mußte. Am 24. März teilte der Oberstkämmerer das bevorstehende Ereignis offiziell bei Hofe mit.

Die Predigten der Reformierten, Lutheraner, Katholiken, Wallonen und Juden wurden befehlsgemäß zwischen dem 3. und 17. April gehalten. Offenbar sammelte der Zweibrücker Herzog Christian, für den ja die Thronfolge auf dem Spiel stand und der mit wahrem Entsetzen auf die Nachricht reagierte, all diese schwülstigen und von freudigem Mitempfinden triefenden Pflichtäußerungen. In dem aufgefundenen Sammelband befinden sich auch Glückwünsche von Untertanen, wie von dem Konsistorial- und Ehegerichtsrat Ch. Schwarz, der sich gleich mit zwei umfänglichen Gedichten empfahl. Im ersten, das durch die Nachricht von der Schwangerschaft der Kurfürstin veranlaßt war, bezeichnet er in Anspielung auf Ludwig XIV. Karl Theodor als Landessonne. Das zweite verfaßte er, als sich die Kurfürstin zur Entbindung nach Schwetzingen begab:

„Betrübtes Mannheim, tröste dich,
denn Schwetzingen vermehrt dein Glück!
Elisabeth geht zwar von hier,
doch sie kommt wiederum zu dir
und bringt dir einen Sohn zurücke.“

Auch Voltaire meldete sich in Prosa und nicht sehr geschmackvollen Versen zu Wort. Speichelleckerisch verstieg er sich zu der Behauptung, nur noch einen Wunsch auf Erden zu haben, das Kind zu sehen. Die Städte des Landes, allen voran die Residenz, trafen Vorbereitungen zu glänzenden Feiern mit Illuminationen. Karl Theodor untersagte sie am 1. Juni und wünschte stattdessen eine Sammlung für wohltätige Zwecke.

Alles kam aber ganz anders, denn der in der Nacht vom 28. auf 29. Juni 1761 geborene Prinz starb nach Mitternacht. Der Kurfürst war untröst-

Kurfürstin Elisabeth Augusta um 1770. Gemälde von Heinrich Carl Brandt. Reißmuseum Mannheim

lich. Acht Tage lang gestattete er nur seinen vertrautesten Beratern den Zutritt zum Kabinett. An Voltaire schrieb er: „Ich habe nur einen schönen Traum gehabt, aber er hat mir mehr Pein verursacht, als Ihnen alle ihre Gebrechen und Schwächen. Es ist vorbei. Man muß sich der Vorsehung unterwerfen."

Nun setzten die Trostdichtungen ein. Schwarz wartete sogleich mit vier Seiten „Trostzeilen" auf, in denen er auf die Geburt eines Thronerben im nächsten Jahr verwies. In einem zweiten Gedicht besang er das offizielle Wiedererscheinen der Kurfürstin bei Hofe, zu dem große Gala angeordnet war. Nochmals hob Schwarz auf einen zweiten Sohn ab. Damit erweckte er den Eindruck, es sei nun alles wieder gut. Aber gerade das war nicht der Fall, denn der Mutter wurde von einer erneuten Schwangerschaft dringend abgeraten. Nur mit Mühe konnte Herzog Christian seinen Jubel verbergen, als er mit seinem Bruder Friedrich Michael im Juli in Schwetzingen eintraf. So war das Jahr 1761 der Anfang vom Ende der Ehe, die nurmehr der Etikette nach weiter bestand. Karl Theodor begann mit seiner Mätressenwirtschaft, womit er auch auf diesem Gebiet dem französischen Beispiel nacheifern konnte.

Mit ihren 40 Jahren hielt sich Elisabeth pflichtschuldigst für eine alte Frau, die aber auf kein Vergnügen zu verzichten gedachte. Sie wollte tanzen und meinte, man müsse sich, so gut es gehe, amüsieren. Angesichts der Lebenslust ihres Gemahls glaubte sie jedoch zu stören. Da sie sich über die Aussichten ihrer Ehe keinen Illusionen hingab, begann sie, die großen Gesellschaften zu meiden, und sprach vom „verdammten" Schwetzingen, dem sie fortan fernblieb. Während ihr Gemahl hier den Sommer verbrachte, zog sie sich, die nur noch bei Hoffestlichkeiten erschien, mehr und mehr in das luxuriöse Schloß Oggersheim zurück, das Karl Theodor den Erben des Prinzen Friedrich Michael nach einigem Zögern für 14.000 fl abgekauft hatte. 1768 schenkte er es ihr zu vollem Eigentum.

Bald blieb sie das ganze Jahr hier, wo sie kein eintöniges Leben verbrachte. Sie gab Bälle und wohnte den geliebten französischen Komödien bei. Musikalische Akademien befriedigten ihren Kunstsinn. Feuerwerk und Illuminationen sorgten für Abwechslung. Auch an Jagden beteiligte sie sich. Zahlreiche Feste, an denen auch der Kurfürst teilnahm, bezeugten ihre ungebrochene Lust am glanzvollen höfischen Leben, auch wenn sie darüber stöhnte und vor einer bevorstehenden Festwoche angeblich zitterte: „Und das ist mir zuwider, da man erscheinen muß und ich doch die Einsamkeit liebe". Ihre Märtyrerrolle, die sie in Mannheim gespielt hatte, - „Ich bin Gott sei Dank immer allein" - geriet aus der Mode. Daneben baute sie das Schloß um und vergrößerte den Park. Eine umfangreiche Korrespondenz bezeugt häufig ihre Zeitnot. Ganz in ihrem Element war sie, wenn sie eine Heirat stiften und die Feier ausrichten durfte. Eine Reise führte sie 1777 über Düsseldorf in die Niederlande. Auch Zweibrükken besuchte sie.

Die Übersiedlung nach Bayern machte Elisabeth nicht mit. Am 9. Oktober 1778 hielt sie zwar mit Karl Theodor zusammen Einzug in die neue Hauptstadt, doch kehrte sie am 27. Mai 1779, also nach einem knappen Dreivierteljahr wieder in die Pfalz zurück. Zwischen dem 16. Oktober 1780 und dem 16. März 1781 weilte sie noch einmal in München, wo es ihr nicht gefiel. Auch sie gefiel den Bayern nicht. Zumindest dürfte nicht das rauhe bayerische Klima, sondern das schlechte Verhältnis zum Kurfürsten und zu dessen neuen Landeskindern ihre Rückkehr veranlaßt haben, die sie allerdings schon vorher ihren Pfälzern versprochen hatte.

Da sie Mutter ja nicht sein konnte, wuchs sie in die Rolle einer Landesmutter hinein und bestrebte sich, „die erste Bürgerin Mannheims" zu werden. Die Verehrung, die sie als fromme Wohltäterin genoß, spornte sie weiter dazu an, Leiden und Armut abzuhelfen. Nicht ungern hörte sie einen Vergleich mit Elisabeth von Thüringen. Sie unterstützte den Mannheimer Wohltätigkeitsverein und half, als 1784 die Not infolge schwerster Überschwemmungen groß war. Fünfmal war sie Taufpatin, und ihr Ehrgeiz wollte es, daß wenigstens in Oggersheim niemand hungerte. Bei Erkrankungen der Bevölkerung halfen Hofärzte und Hofapotheke unentgeltlich.

Ihre Hofhaltung - der Hofstaat umfaßte 82 Personen - war Elisabeth ein wenig Ersatz für den Verlust der Residenz. Iffland, der die Kurfürstin zu nehmen verstand, gewann sie für das Nationaltheater. Sie, der der Umgang mit Schauspielern und Geistlichen stets der liebste war, hatte sich zwar später als ihr Gemahl vom französischen Theater ab- und dem jungen deutschen zugewendet, aber als ihr 1785 das Mannheimer Theaterpublikum einen so warmen Empfang bereitete und Iffland ihr spontan von der Bühne herab huldigte, war der Bann endgültig gebrochen. Sie beehrte jetzt häufig Vorstellungen und gab damit dem deutschen Theater ihren offiziellen Segen. Iffland versprach ihr feierlich, solange sie lebe, in Mannheim zu bleiben.

Elisabeths zurückgezogenes Leben wurde durch zahlreiche Besucher in Oggersheim unterbrochen. Der heimatlos gewordene Karl August von Zweibrücken, der Karl Theodors Nachfolger werden sollte, aber vier Jahre vor dem Kurfürsten starb, weilte als Flüchtling bei ihr. In den Kriegsmonaten verschaffte sie den Oggersheimern noch Erleichterungen bei

Einquartierungslasten und Abgaben, bis sie Oggersheim vor den Franzosen verlassen mußte. Aber auch in Mannheim war ihres Bleibens nicht lange, weil die Beschießung der Stadt zu befürchten stand. Am 3. Januar 1794 erschien sie mit ihrem Hofstaat unvermutet in Weinheim, wo sie im alten Schloß Quartier nahm. Ihre Wohltätigkeit ließ sie jetzt den Weinheimern zugutekommen. Sie mußte noch vernehmen, daß ihr geliebter Oggersheimer Besitz von den Franzosen verwüstet worden war. Anfang August erkrankte die Kurfürstin an der grassierenden Ruhr. Sie starb am 17. August im 74. Lebensjahr. Die Trauer um ihr Ableben war groß. Auf Befehl Karl Theodors wurde die Leiche in der Heidelberger Karmeliterkirche beigesetzt. Der Trauerzug, der einem Triumphzug glich, bewies ihre große Popularität. Der Kurfürst erschien nicht, sondern ließ sich vertreten. Trotz der Tränen, die er vergoß, betrachtete Karl Theodor den Tod als Befreiung, denn er ermöglichte ihm eine zweite Eheschließung und damit die Hoffnung auf einen Erben.

Mätressenwirtschaft am Mannheimer Hof

Für Schmeicheleien hatte Karl Theodor immer ein offenes Ohr, und am meisten gefiel ihm, wenn man seinen Hof mit dem Ludwigs XV. verglich, was bezüglich der Mätressen zunächst allerdings nicht möglich war. Die „Art von geheimem Schleyer und von äußerem Anstand, welchen damals der Churfürst in seinen Liebschaften beobachtete", verhinderte genaue Einblicke in sein außereheliches Liebesleben, was zur Folge hat, daß sich der Historiker hier auf ziemlich unsicherem Terrain bewegt.

So soll die erste Mätresse des Kurfürsten Maria Christine Edle von Hauer gewesen sein. Als die 16jährige ein Kind erwartete, soll sie der kurpfälzische Kabinettsekretär von Stengel geheiratet und das Kind, das auf den Namen Stefan getauft wurde, als sein eigenes angenommen haben. Die zweite Mätresse, von der man wenig, aber doch ein wenig mehr weiß, war seit 1758 die Mannheimer Bäckerstochter Eleonore Huber, die als „première danseuse" (Primaballerina) im Ballett wirkte, das ohnehin mehr nach Gesichtspunkten der Schönheit denn des tänzerischen Talents ausgewählt wurde, da es als Mätressen-Reservoir nicht nur dem Kurfürsten diente. Als Eleonore schwanger wurde, ging sie von der Bühne ab. Sie soll bei der Geburt einer Tochter gestorben sein. Auch deren Schicksal bleibt dunkel. Nach einer anderen Version soll Freiherr von Beckers Eleonore Huber geheiratet haben, nachdem der Kurfürst sein Interesse an ihr verloren hatte.

Karl Theodors Hinwendung zu Eleonore wird öfters als Vergeltungsmaßnahme für die Liaison der Kurfürstin mit dem Major Carl Ludwig Freiherrn von Rodenhausen bezeichnet. Dessen schnelle und steile Karriere war jedenfalls das Werk Elisabeth Augustas. 1755 „boxte" sie ihn gegen den Willen des Oberkommandierenden der pfälzischen Truppen, des Prinzen Friedrich (Michael) von Zweibrücken, zum kurfürstlichen Adjutanten durch. Sie nahm dafür die nie endende Verstimmung ihres Schwagers in Kauf. Rodenhausen wurde Oberst-Hofmeister und Oberst-Stallmeister der Kurfürstin, Kammerherr und Geheimer Rat, war Burggraf zu Alzey, Oberst-Inhaber eines Infanterieregiments und General-Feldzeugmeister (heute Generalleutnant oder gar General). Er überlebte seine Protektorin um ganze 10 Jahre und starb in seinem 85. Lebensjahr hochgeehrt 1804 in Mannheim.

Nach der Fehlgeburt seiner Frau und deren Abwendung von ihm glaubte sich Karl Theodor, wenn auch schlechten Gewissens, berechtigt, Mätressen zu halten. Er legte jetzt jedenfalls keine Scheu mehr an den Tag, sich in aller Öffentlichkeit mit seiner Geliebten und seinen Kindern zu zeigen, die sich zum Entsetzen des biederen Bürgers frei in der Residenz bewegten und vom Hofpersonal mit Ehrerbietung behandelt wurden. Karl Theodors erstem Biographen zufolge unterlag „der weise Fürst und der wahrhaft gute Christ... gleich einem Salomo der menschlichen Schwachheit."

Die erste „öffentliche" Mätresse war die hübsche, kleine Schauspielerin Françoise Després-Verneuil, die Karl Theodor 1762 „in Ansehung ihrer vorzüglichen Verdiensten und adelichen Sitten" nach seiner gleichnamigen oberpfälzischen Herrschaft zur Franziska von Parckstein adelte. Als ein Kollege des Ensembles sie heiraten wollte, ließ ihn der Kurfürst einsperren und nach Frankreich abschieben. Die Verneuil starb schon 1765 an der Schwindsucht. Die Tochter Caroline, die schwerhörig war und kaum sprechen konnte, sollte der Gardekapitän und Intendant von Portia heiraten. Als dieser sich jedoch beharrlich weigerte, fiel er in Ungnade und wurde strafversetzt. Der nächste Heiratskandidat war der Fürst von Isenburg. Wegen der Ebenbürtigkeitsbestimmungen des fürstlichen Hausgesetzes erbat Karl Theodor die Erhebung Carolines zur Gräfin von Parckstein. Da die Herrschaft Parckstein kaiserlich-böhmisches Lehen war, ergaben sich Schwierigkeiten, die man in Wien dadurch aus dem Weg räumte, daß man sie zur Gräfin von Bergstein adelte. Das hinderte sie allerdings nicht, sich Gräfin von Parckstein zu nennen. Die Kosten, die der Kurfürst vergeblich zu senken gewünscht hatte, beliefen sich auf über 7.321 fl. Karl Theodor hat Françoise seine Treue über den Tod hinaus bewahrt.

Etwa eineinhalb Jahre nach ihrem Ableben ließ er den Zweibrücker Hofmaler Johann Christian Mannlich nach Mannheim kommen, dem er über zwanzig Miniaturen und Porträts der Verstorbenen mit dem Auftrag vorlegte, daraus ein befriedigendes Porträt der „liebreizenden jungen Schönen mit dem bezaubernden Lächeln" zu fertigen. Gerührt erschien der Kurfürst täglich bei dem Maler, dessen entstehendes Werk er fast wie ein eifersüchtiger Liebhaber verfolgte. Der Maler kommentierte das Verhalten dieses offenbar keineswegs kalten Lüstlings so: „Bei den Fürsten und Großen der Erde, die nur die Übersättigung in ihren leichterrungenen Liebschaften zu fürchten haben, ist dieses Beispiel vielleicht eine seltene Erscheinung. Ich bekam dadurch eine höhere Meinung von diesem ausgezeichneten Fürsten."

Nachfolgerin wurde die als berückend schön geschilderte Figurantin am kurfürstlichen Hofballett Maria Josepha Seyffert (1748-1771), Tochter des Kanzleisekretärs Johann Karl Seyffert und dessen Ehefrau Maria Franziska Philippine geb. Reichard. Nachdem der Kurfürst auf sie auf-

Josepha Gräfin von Heydeck 1770. Gemälde von Johann Peter Hoffmeister. Kurpfälzisches Museum Heidelberg

Karl August Graf von Bretzenheim 1782. Gemälde von Franz Ignaz Oefele. Kurpfälzisches Museum Heidelberg

merksam geworden war, beauftragte er seinen Minister Freiherrn von Beckers damit, das Mädchen für ihn zu gewinnen. Josepha sträubte sich, denn sie fürchtete, schwere Sünde auf sich zu laden, gab aber dem Druck schließlich nach. Am 19. März 1767 ließ sie Karl Theodor unter dem Namen von Heydeck in den Adelsstand, am 3. September 1769 in den Grafenstand erheben.

Josepha gebar ihrem erlauchten Liebhaber vier Kinder:

1) Karoline Josephine (1768-1786), mit 16 Jahren an den Grafen von Holnstein verheiratet.

2) Karl August (1769-1823), seit 1788 mit der Fürstin von Oettingen und Oettingen-Spielberg vermählt.

3) Eleonore Karoline Josephine (1771-1832), seit 1787 mit dem Grafen von Leiningen-Guntersblum vermählt, später geschieden.

4) Friederike Karoline Josephine (1771-1816), zunächst Stiftsdame und seit 1782 gefürstete Äbtissin von Lindau. Seit 1796 mit Graf Max von Westerholt vermählt.

Der Kurfürst überhäufte seine Geliebte nicht nur mit Geschenken, sondern reservierte ihr auch im Theater eine eigene Loge, die der Loge der Kurfürstin unmittelbar gegenüberlag, Affront und Geschmacklosigkeit zugleich. Darüber hinaus vermachte er ihr im Quadrat A 2 das Haus Nr.5 gegenüber dem Schloß. Bald wurden die beiden Nachbarhäuser dazu erworben und zu einer dreistöckigen „Eckbehausung" umgebaut, der Keimzelle des späteren Palais Bretzenheim. An den zwei älteren Kindern hing Karl Theodor mit großer väterlicher Zuneigung. Er erschien fast täglich in der Heydeckschen Wohnung, wo Mozart den Kindern Klavierunterricht erteilte - und vergeblich auf eine Anstellung hoffte.

Zwei Wochen nach der Geburt der Zwillingsschwestern starb die dreiundzwanzigjährige Mutter. Karl Theodor, der zu ihr eine tiefe Neigung empfunden hatte, war untröstlich betrübt. Die Tote wurde in der Kapelle des Karmeliterklosters beigesetzt. Im Jahr 1778 wurden ihre sterblichen Überreste nach der Kapelle der Burg Zwingenberg verbracht, wo sie ihre endgültige Ruhestätte fanden.

† Jesus † Maria † Joseph!

Die finstre Nacht des Todes beleuchtet öfters die menschlichen Augen so, daß sie bey solcher mehr erkennen, als sie in dem hellen Tage ihrer lebenden Mit-Christen erkennen konnten oder wollten, dann das Ende des Lebens eröffnet erst die Muschel deren darinn verborgen gelegenen Tugendsperlein. Der Beweisthum hiervon ist uns gegeben worden, da

die Hochgebohrne

Gräfin Josepha von Heydeck

im Jahr der gnadenreichen Geburt unsers Heilands 1771, den 27ten Tag des Christmonats, morgens zwischen 8 und 9 Uhr, die Täge ihres blühenden und nur auf 23 Jahr und 3 Monat sich erstreckenden Alters gottselig beschlossen. Es scheinet, Sie habe Sich jenes Lehrstuck des heiligen Augustini, daß nämlich die Grundveste eines hohen Tugendgebäu die Demuth seyn müsse, tief in das Herz gedrucket, darum wußte Sie Ihre schon im Jahr 1768 in den Gräflichen Stand geschehene Erhebung vor denen Augen der Welt so klug zu bedecken, daß sie von uns niemalen würde erkannt worden seyn, wann nicht der verrätherische Tod uns solches entdeckt hätte. Auf diesem Grundsteine ruheten ganz sicher Ihre übrigen Tugenden: Christliche Menschenliebe, Ehrfurcht gegen Höhere, liebreiche Sanftmuth gegen Gleiche, mildes Betragen gegen Geringere, Erbarmniß gegen die Hülflosen, Barmherzigkeit gegen Arme und Nothleidende, edelmüthiges Herz in Ihrem ganz aufrichtigen Umgange, waren so erhaben in Ihr, daß Sie eine allgemeine Hochschätzung Sich ohne Zwang erworben; Dannoch würden vielleicht auch diese in das Grab der Vergessenheit gelegt werden, wenn nicht die letzte Krankheit einen unsterblichen Ruhm gebohren hätte: Die gänzliche Ergebenheit in den göttlichen Willen, die Christliche Gedult in denen Schwachheiten, die Zerknirschung des Herzens, die andächtigste Empfahung deren heiligen Sacramenten, die Begierde, aufgelöst zu werden, das Vergnügen an geistlichen Einsprechungen, der lebhafteste Glauben, die ungeschreckte Hoffnung und dergleichen Tugenden, entdeckten allen Umstehenden eine große Heldin, welche nichts liebte außer Jesum den gekreuzigten, dessen Bildniß Sie allzeit vor Augen haben, mit zartesten Küssen verehren, mit Ihren Thränen benetzen, und endlich gar an das Herz mit schon zitternden Händen anheften wollte. Alldieses gibt uns zwar die trostvolle Hofnung, daß Sie schon wirklich werde gelangt seyn zu dem Friedenskusse ihres himmlichen Bräutigams, der allzeit liebt die ihn Liebende: Sollte jedoch der scharfsehende Gott, welcher, wie Job spricht, alle unsre Schritte zählt, diese abgeleibte Seele noch auf einige Zeit von dem Eintritte in die ewige Freuden zurückhalten, so wird solche hiemit demüthigst empfohlen in aller Andächtigen Gebeth und respective Meßopfer,

damit
der Herr Ihr gebe die ewige Ruhe,
und das ewige Licht leuchte Ihr.

Die Begräbniß wird seyn in der Carmeliterkirche zu Mannheim, und die Trauermessen an den 2 letzten Tägen des alten, und 2ten Tag des neuen Jahrs.

Todesanzeige für Josepha Gräfin v. Heydeck

Grabmal der Gräfin Heydeck. *Foto: Bundschuh*

Aufstieg und Fall des Grafen Oberndorff

Der Freiherr Franz Albert Leopold Fortunat von Oberndorff wurde 1720 auf Schloß Regendorf in der Oberpfalz geboren. Noch unter dem alten Kurfürsten Karl Philipp war er seit 1734 Page am Mannheimer Hof, wo der vier Jahre jüngere Karl Theodor ihn zu seinen „Freunden" zählte.

Oberndorff studierte Jurisprudenz, wurde 1748 wirklicher Oberappellationsgerichtsrat am Mannheimer Hofgericht, sechs Jahre später Geheimer Rat und wieder zwei Jahre danach Hofrichter. 1765 erlangte er die Oberamtmannstelle in Boxberg, eine schöne Sinekure gewiß, mehr aber auch nicht. 1768 nahm ihn der Kurfürst höchstpersönlich in den neugegründeten pfälzischen Löwenorden auf, eine hohe Ehre. Dennoch muß man seine Karriere nicht außergewöhnlich finden, zumal er immerhin auf sein 50. Lebensjahr zueilte.

An einem naßkalten Maisonntag könnte es gewesen sein. Oberndorff saß nachdenklich in seinem Stadthaus. Er hörte, wie ein Wagen vorüberrasselte, vernahm einen Schlag, dann trat Ruhe ein. Ohne sonderliches Interesse trat Oberndorff ans Fenster. Daß ein Wagen vor seinem Haus zusammengebrochen war, was bei dem holprigen Pflaster niemand erstaunen konnte, hätte ihn sonst völlig gleichgültig gelassen. Jetzt trieb das Unglück den Hofrichter zur höchsten Aktivität. Er rief ein paar Befehlsworte ins Haus und trat auf die Straße. Ehrerbietig näherte er sich der Kutsche, beteuerte der Insassin seine Untröstlichkeit über den höchst bedauerlichen Vorfall und kam gar nicht mehr dazu, Abhilfe zu versprechen. Da donnerte auch schon die Oberndorffsche Kalesche aus der Torausfahrt. Die junge Dame stieg um, warf Oberndorff einen huldvoll-dankbaren Blick zu, und ab gings. In Schwetzingen angekommen, fand Mademoiselle Seyffert, die spätere Gräfin Heydeck, gar nicht der Worte genug, den chevaleresken Baron zu loben. Hatte er sich doch mutig genug der Rache der Kurfürstin und der Verachtung der öffentlichen Meinung ausgesetzt und der kurfürstlichen Mätresse Spott und Schande erspart.

Nach dem frühen Tod der Gräfin mußten die vier Halbwaisen versorgt werden, wofür der Kurfürst den Freiherrn von Oberndorff als Vormund ausersah. Im nächsten Jahr wurde dieser Ehrenpräsident der Akademie der Wissenschaften und was viel bedeutender war, Staats-und Konferenzminister. Der Aufstieg begann. Als Vormund setzte sich Oberndorff in einer Weise für seine Mündel ein, die rückhaltlose Bewunderung verdient. Sein Engagement war nicht zu überbieten. Es störte ihn nicht, daß er die kurpfälzische Beamtenschaft vor den Kopf stieß, daß er das Recht beug-

Franz Albert Freiherr von Oberndorff 1783. Gemälde von Nikolaus von Rückersheim. Schloß Neckarhausen. *Foto: Bundschuh*

te, hatte er doch einzig und allein den Vorteil seiner Mündel im Auge. Der Mitvormund, der Freiherr von Fick, spielte daneben eine klägliche Rolle.

Am 31. Dezember 1777 starb der bayerische Kurfürst Maximilian III. Laut Erbvertrag fiel Bayern an Karl Theodor, der seine Residenz in München aufschlagen mußte. Damit begann die große Zeit für Oberndorff. Karl Theodor bestimmte ihn per Dekret als seinen Stellvertreter in der Kurpfalz. Wenn er ihm auch den Titel eines Statthalters vorenthielt, so war Oberndorff in den nächsten 17 Jahren faktisch viel mehr. Er war als dirigierender Minister absoluter Herrscher in Jülich-Berg, in der Oberpfalz und in der Kurpfalz. In Neckarhausen ließ er sich ein Schloß errichten, das noch heute die herrscherliche Stellung seines Erbauers ahnen läßt.

Zwar besuchte Karl Theodor einige Male seine geliebte Pfalz, aber der müde gewordene Fürst war weder willens noch fähig, die Amtsführung Oberndorffs zu untersuchen. 1782 berief ihn Karl Theodor zum Großballey der Malteserordenszunge und beschenkte ihn mit der Balley Neuburg. 1784 ernannte er ihn zum Präsidenten der Akademie der Wissenschaften und machte ihn 1788 noch zum Finanzminister von Kurpfalzbayern.

Im Jahr 1790 starb Kaiser Joseph II. In der Zeit bis zu erfolgter Neuwahl amtierte der Kurfürst als Vertreter des Kaisers für Süddeutschland mit dem Titel eines Reichsvikars. Oberndorff vertrat den Kurfürsten als Erster Wahlbotschafter in Frankfurt/M. Nach dem so frühen Tod des Kaisers Leopold war Oberndorff 1792 wiederum Erster Wahlbotschafter in der Krönungsstadt. Das Reichsvikariat bot gute Gelegenheit, die stets leeren kurfürstlichen Kassen durch großzügige Titelvergaben aufzufüllen. Die Kunde vom wohlfeilen Titelverkauf drang bis nach Skandinavien und lockte sogar Schweden nach München, wo man bei festgesetzten, aber moderaten Taxen ein Adelsprädikat erwerben konnte. Damals wurde der Freiherr von Oberndorff Graf.

Mit der Grafung hatte Oberndorff den Zenit seines Lebens erreicht. 1789 war die Revolution in Frankreich ausgebrochen, und ihre Schatten fielen in den nächsten Jahren auch auf Mannheim. Scharen adliger französischer Emigranten füllten Mannheims Straßen, während auf der anderen Rheinseite der Kampf zwischen französischen Revolutionsheeren und österreichischen und preußischen Truppen mit wechselndem Erfolg tobte. Mannheim war Festung, und für Oberndorff stellte sich die Frage, wie sich die Stadt zu verhalten habe, wenn die Franzosen es wagten, sie anzugreifen. Seine Briefe nach München in bangem und immer bängerem Tonfall lösten nur höchst wachsweiche Antworten aus. Gewiß, Mann-

Schloß des Grafen Oberndorff in Neckarhausen *Foto: Bundschuh*

heim war zu halten; wenn es aber nicht zu halten war, mußten Maßnah men ergriffen werden. Österreicher durften nicht hineingelassen werden, um die Franzosen nicht zu reizen, denn die Pfalz hatte, so lange es irgend ging, als neutral zu gelten. Oberndorff jagte Stafetten nach München, erhielt dilatorische oder gar keine Antworten, tagte mit seinem Stab. Der fast blinde Stadtkommandant Generalleutnant Freiherr von Belderbusch, der derart zitterte, daß er kaum noch unterschreiben konnte, meinte, die Kräfte seien zu schwach, um die Festung zu verteidigen. Die Franzosen eroberten die Rheinschanze, das heutige Ludwigshafen, drohten, Mannheim zusammenzuschießen. Oberndorff, selbst kein Militär, beschloß nachzugeben, beschloß die Übergabe ohne einen Versuch der Verteidigung. Die Franzosen zogen ein. Im November begann der österreichische Feldmarschall Graf Wurmser mit der Rückeroberung. Er beschoß die Stadt. Ein Teil des Schlosses ging in Flammen auf. Die schwachen französischen Einheiten kapitulierten.

Die siegreichen Österreicher veranstalteten ein Strafgericht. Oberndorff und andere kurpfälzische Beamte wurden verhaftet, ihnen Komplizenschaft mit den Franzosen, Verrat und Defätismus vorgeworfen. Karl Theodor bangte um seinen bayerischen Besitz, auf den Österreich immer ein gieriges Auge hatte, und gab dem Druck nach. Er ließ alles geschehen und rührte keinen Finger für seinen Minister, seinen Stellvertreter, seinen Jugendfreund. In Ungnade gefallen, wurde der eben noch Allmächtige auf seine Güter verbannt. Er konnte sich glücklich schätzen, nicht in Haft bleiben zu müssen.

Typisch für die Inkonsequenz des Kurfürsten war, daß er Oberndorff zwar seiner Staatsfunktion entsetzte, ihm aber die meisten seiner Ämter beließ, so daß der Graf weiter im pfälzischen Staatskalender aufgeführt wurde. Erst nach Karl Theodors Tod am 16. Februar 1799 reichte Oberndorff beim Nachfolger sein Abschiedsgesuch ein, das der neue Kurfürst Max Joseph am 15. März 1799 genehmigte. Am 15. April erhielt Oberndorff eine Pension von 6.000 fl, konnte diese aber nicht mehr lange genießen. Er starb am 5. Mai 1799 in Mannheim, zweieinhalb Monate nach Karl Theodor.

Vom Pferdestall ins Außenministerium

Wie der Freiherr von Oberndorff gehörte auch Baron von Vieregg zu den „Jugendfreunden“ Karl Theodors. Während sich aber der erstere durch die „kühne“ Hilfeleistung für die kurfürstliche Mätresse nach oben katapultiert hatte, fiel Vieregg das hohe Amt des Premierministers ohne eigenes Zutun geradewegs in den Schoß.

Die Viereggs entstammten dem ritterbürtigen Adel Mecklenburgs, waren aber auch in Bayern begütert und hier seit dem Ende des 16. Jahrhunderts ansässig. Des Matthäus Freiherrn von Vieregg Karriere in Mannheim hielt sich bis zu seiner Ernennung in den Grenzen des Hofdienstes. Der Kammerherr war von 1744 bis 1750 Intendant der Hofmusik und vorübergehend Direktor der französischen Komödie. Sein bedeutendstes Hofamt, das des Obriststallmeisters, bekleidete er seit 1747. Obwohl er im gleichen Jahr geheimer Rat und 1775 Minister ohne Geschäftsbereich wurde, hatte er keinerlei politischen Einfluß. Karl Theodor vertraute ihm bedingungslos, schätzte aber seine Geistesgaben nicht allzu hoch ein. Weniger hochgestellten Zeitgenossen fielen Viereggs damals schon reichlich antiquierter Adelsstolz und seine Engstirnigkeit auf. Der bayerische General Clérembault, der freilich an kaum jemandem ein gutes Haar ließ, bezeichnete ihn in seinen Memoiren als Dummkopf und schrecklichen Geizhals.

Im November des Jahres 1777 starb der Erste Minister des Kurfürsten, der schon mehrfach erwähnte Freiherr von Beckers. Wegen seiner notorischen Verlogenheit und Verstellungskunst wollte das zunächst niemand glauben, doch als der Beisetzungstermin bekanntgegeben wurde, mußte man einsehen, daß Beckers diesmal keine Komödie gespielt hatte. Der Kurfürst hatte vom Tod seines Premiers gegen neun Uhr morgens erfahren. Als Stengel eine Stunde später vorsprach, empfing ihn Karl Theodor mit einer, wie ihm schien, gekünstelten Schmerzensmiene und den Worten: „Der gute Beckers. Das ist ein harter Fall für mich. Ich habe heute viel verloren.“ Stengel erwiderte, daß man doch jeden Tag mit dem Hinscheiden des Ministers habe rechnen müssen, doch wollte das der Kurfürst nicht gelten lassen. Er sei vom Tode Beckers' so überrascht worden, daß er bis jetzt noch nicht an die Wahl eines Nachfolgers habe denken können, bemerkte er. Gedankenschwer ging er im Zimmer auf und ab. Nach einigen Minuten äußerte er, er denke, Vieregg solle das Amt übernehmen, bis eine endgültige Entscheidung getroffen werde. Als Stengel diese Worte vernahm, traute er kaum seinen Ohren, fürchtete er, falsch gehört zu haben. Obwohl damals nur ein Vieregg am Hofe war, hielt er es für unmöglich, daß der Kurfürst den bornierten Obriststallmeister gemeint haben könnte. Doch alles hatte seine Richtigkeit. Vieregg wurde gerufen und erschien. Er lauschte den Worten des Kurfürsten über den erlittenen Verlust in gebotener Trauerhaltung, zuckte mehrmals mit den Schultern und stammelte ein verständnisloses „Oui, Monseigneur". Damit hoffte er der Trauerpflicht Genüge getan zu haben. Als ihm der Kurfürst seine Absicht bekanntgab, ihn mit der Nachfolge des Verstorbenen zu betrauen, verschlug es ihm die Sprache, und er verharrte in stummer Ergriffenheit. Dann faßte er sich und wagte, seine völlige Unerfahrenheit in den „affaires étrangères", wie man zu der Außenpolitik damals sagte, in die Debatte zu werfen. Doch nachdem der Kurfürst dem Verdutzten versichert hatte, daß er sich selbst die Leitung der Außenpolitik vorzubehalten gedenke, Vieregg nur die Ausfertigungen besorgen müsse, da vollzog sich im nächsten Augenblick die Verwandlung des Obriststallmeisters in den Staatsminister. Er küßte dem Kurfürsten die Hand, dankte und war nun nach Karl Theodor der erste Mann im Staat.

Obwohl der Kurfürst die Ernennung als provisorisch bezeichnet hatte, blieb Vieregg, der während des Reichsvikariats Karl Theodors in den Grafenstand erhoben wurde, bis zum Tod des Kurfürsten im Amt, -von dem er heillos überfordert war. Vor allem die Wirren in und um Bayern, die ja seiner Ernennung fast auf dem Fuße folgten, stellten ihn vor unlösbare Aufgaben. Von Karl Theodor offenbar nicht in die schon seit längerem betriebenen Geheimverhandlungen mit Österreich eingeweiht, spielte er weiterhin die französische Karte und geriet dadurch ungewollt in Gegensatz zur kurfürstlichen Politik. Nach dem Ausbruch der Französischen Revolution mit ihren Auswirkungen auf die kurfürstlichen Länder links des Rheins gab es für eine selbständige Außenpolitik keine Möglichkeit mehr, und Graf Vieregg war sicher der letzte, der einen Ausweg aus dem Chaos hätte finden können. Fünf Jahre älter als Karl Theodor, überlebte er seinen Herrn um drei Jahre und starb 1802.

Der Umzug nach München

Aufgrund der Hausverträge hatte Karl Theodor für den Fall, daß der bayerische Kurfürst Maximilian III. Joseph, der wie er selbst kinderlos war, starb, seine Residenz in München zu nehmen. Zu Ende des Jahres 1777 war es soweit. Am späten Nachmittag des 31. Dezember befand sich der Hof zum Silvestergottesdienst in der Kirche. Als man dem Kurfürsten fast zur gleichen Stunde und an der gleichen Stelle, wo ihm 35 Jahre vorher der Tod Karl Philipps mitgeteilt worden war, die Nachricht vom Ableben des bayerischen Kurfürsten ins Ohr flüsterte, war er schmerzlich berührt und soll gemurmelt haben: „Nun sind deine guten Tage vorüber." Karl Theodor reiste noch am selbigen Abend nach München, kehrte aber schon im Juni nach Mannheim zurück, um den endgültigen Umzug vorzubereiten.

Die Mannheimer, die von den geheimen Hausverträgen nichts wußten, malten sich die Zukunft in den schönsten Farben. Sie konnten sich nichts anderes vorstellen, als daß Mannheim durch die riesige Erbschaft, die dem Kurfürsten zugefallen war, vergrößert und verschönert würde, vor allem aber durch den Zuzug des bayerischen Adels einen beträchtlichen wirtschaftlichen Aufschwung nehmen werde. Deshalb versetzte sie die Rückkehr Karl Theodors in einen wahren Freudentaumel, wie ihn nur das Gefühl, am Rande des gelobten Landes zu stehen, auslösen kann. Kluge Köpfe wie zum Beispiel Heinrich Rigal, der Freund Stengels, hatten vorausgesehen, daß es schon deshalb anders kommen müsse, weil nach dem Gesetz der Anziehungskraft das größere Land das kleinere an sich reißen werde. Nur zu bald wurden sie in ihren Befürchtungen bestätigt. Kaum war nämlich der Kurfürst aus dem Wagen gestiegen, als er auch schon dem Kammerfourier Hazard befahl, nach München zu fahren und dort alles für sein endgültiges Verbleiben vorzubereiten und einzurichten. Auch der Kurfürstin gab er seine Absichten bekannt. Am Abend erstrahlte Mannheim zwar im Lichterglanz einer festlichen Illumination, aber die traurige Kunde vom Wegzug des Kurfürsten begann bereits durchzusikkern und lähmte alle Freude. Je näher die Zeit der kurfürstlichen Abreise nach Bayern heranrückte, desto mehr wuchs die Kümmernis der Mannheimer, die das Schicksal einer vom Hof verlassenen Stadt jetzt richtig einschätzten und ihre künftige Misere beklagten. Vergeblich flehten mit tränenerstickter Stimme Regierung und städtischer Magistrat im Namen der Einwohnerschaft:

„Vor dem Thron Eurer kurfürstlichen Durchlaucht knieet der Pfalz oberste Behörde; nicht mehr die Behörde eines glückseligen Landes..., sondern eines verlassenen, verarmten Volkes, die Mutter verwaister Kinder, welche durch ewige Entfernung des geliebten Vaters in das äußerste Verderben gestürzt werden... Mit Deiner Entfernung wird Mannheim, die treue und schöne Stadt, verarmen. Gras wird sie wachsen sehen an jenen Stätten, wo heut Paläste stehen. Die sorgfältig gebauten Felder, die Fruchtäcker, die prächtigen Gärten weitumher werden bei Verminderung der Stadtbewohner und des Verkehrs Disteln zeugen und den Anblick unübersehbarer Heiden gewähren... Wohl wissen wir, theurer Fürst, was Du einem neuerworbenen Lande schuldig bist. Wir erkennen die nun allein glücklichen Baiern als unsere Freunde und Brüder. So schwer es uns ankömmt, wollen wir doch gern den vorher ausschließlichen Besitz Deines Herzens mit ihnen theilen. Aber uns, Deine Erstlinge, ganz verstoßen zu sehen, das wäre schrecklicher als die verderbungsvollste Landplage, die uns treffen könnte."

Doch der Appell an seine landesväterliche Pflicht, bei seinen „erstgeborenen" Landeskindern zu bleiben und seine „geheiligten Schwüre" nicht zu verletzen, die er einst getan hatte, als ihm die Untertanen zum ersten Mal die „nie gebrochene Huldigungspflicht" leisteten, verhallte ohne Echo. Der Kurfürst ließ antworten, daß er aus „wichtigen Staatsgründen" seinen Entschluß nicht rückgängig machen könne, daß er aber willens sei, seine Untertanen mehr als es der „landesväterlichen Pflicht" entspricht, die „Zärtlichkeit des landesväterlichen Herzens... tätig verspüren zu lassen" und sie für ihren Verlust zu entschädigen. Er versprach „mehrmalige Rückkehr in gegenwärtig verlassende" Lande, wo er dann in seiner alten Residenz Aufenthalt zu nehmen gedenke. Verständlicherweise befriedigte dieser schwache Trost niemanden, weshalb sich die verzweifelten Bürger zu einer „merkwürdigen" Demonstration entschlossen.

Als das kurfürstliche Paar eines Abends aus dem Schauspielhaus kam und nach Hause fahren wollte, säumten mehrere tausend Menschen die Straßen bis zum Schloß. Wenn sich die Kutsche näherte, warfen sie sich auf den Boden, die Frauen hoben die Säuglinge, die Männer die Kinder empor, und alle schrien um Gnade für ihre Stadt. Der Kurfürst war höchst unangenehm berührt, die Kurfürstin erlitt eine Art Weinkrampf und konnte nur mit Hilfe ihrer Bedienten die Schloßtreppe ersteigen. Am nächsten Tag erließ Karl Theodor ein Reskript, in dem der Polizei aufgetragen wurde, solche Auftritte künftig zu verhindern.

Auf den Vorschlag, in Mannheim zu bleiben und Bayern durch einen Statthalter regieren zu lassen oder wenigstens abwechselnd in Mannheim und München zu residieren, ging Karl Theodor nicht ein. Der folgende Bericht über die Abfahrt des Kurfürsten am 7. Oktober 1778 stammt von Gottlieb Konrad Pfeffel, der etwa fünf Jahre nach diesem Ereignis Mannheim besuchte. Ob seine Mitteilungen der Wahrheit entsprechen, läßt sich nicht mehr feststellen, zumal er die Geschichte nur vom Hörensagen kannte, aber immerhin behauptete, ein Geheimer Rat habe ihm ihre Richtigkeit bestätigt, und drei Augenzeugen hätten diesem nicht widersprochen. Danach waren, als der Kurfürst die Residenz verließ, „alle Straßen mit Einwohnern gefüllt, welche ihn mit Thränen und Händeringen beschwuren, sie nicht ganz zu verlassen. Jammernde Weiber knieten ihm in den Weg und hielten ihm ihre Säuglinge entgegen. Das ganze Gefolge schlug die Augen nieder, die Postillone wischten sich die Thränen von den Wangen, der Auszug glich einem Leichenbegängniß, nur der große Theodor und sein Liebling saßen unbewegt in dem zu langsam rollenden Wagen, und, kaum kann ich's aussprechen - beide sollen über die markdurchwühlende Szene gelacht haben."

Das Versprechen, zurückzukehren, machte Karl Theodor mehrfach wahr, aber nur zwei Besuche verdienen diesen Namen. 1785 „floh" der Kurfürst in die Pfalz, um der wegen des Tauschversuchs entstandenen explosiven Stimmung in München zu entgehen. Im Oktober 1788 veranlaßte ihn eine Auseinandersetzung mit dem Münchener Magistrat, nach Mannheim abzureisen, um, wie diesmal verlautete, auf immer in der Pfalz zu bleiben. Aus dem „für immer" wurde aber nur ein Dreivierteljahr. Schließlich waren alle unzufrieden. Die Mannheimer waren enttäuscht und beschuldigten Karl Theodor der Unzuverlässigkeit und Charakterlosigkeit, die Kurfürstin beklagte die Unruhe, die die Besuche mitbrachten und die sie als Störung empfand, der Kurfürst selbst langweilte sich in der mittlerweile öde und provinzmäßig gewordenen Residenzstadt, die er bis zu seinem Tod nicht wiedersah.

Ein Pfälzer in Bayern

Nach den Tod des Kurfürsten Maximilian III. Joseph mußte Karl Theodor vertragsgemäß nach München übersiedeln. Mit ihm wenigstens ein Teil des Hofstaats und der Beamtenschaft. Heutzutage fährt man von Mannheim nach München in drei bis vier Stunden. Karl Theodor benötigte 30 Stunden, und das war ein kaum zu unterbietender Rekord. Dennoch spiegeln 30 Stunden nicht die wahre Entfernung zwischen Mannheim und München wider, denn zwischen den beiden Ländern, zwischen den beiden Residenzstädten lagen Welten. Die an die Isar verpflanzten Pfälzer kamen sich wie in der Verbannung vor, fühlten sich in einer fremden exotischen Welt, im Exil.

„Alles war mir fremd, und ich war allen fremd" faßte Stefan von Stengel die Gefühle seiner Landsleute zusammen. Diese ächzten unter den neuen Lebensverhältnissen und sehnten sich in die Pfalz zurück. Nicht einmal spazierengehen könne man in München, schimpften sie. Außer dem nicht gerade übermäßig großen Hofgarten gab es keine Möglichkeit, sich im Grünen zu ergehen, denn der Hirschanger (Hirschau) war für den Publikumsverkehr gesperrt. Dem Wildbret die nötige Ruhe zu erhalten, ging dem Obristjägermeister Freiherrn von Waldkirch über alles. Auch fürchtete er, daß Gebüsch und Unterholz liebestollen Münchnern und Münchnerinnen zur Befriedigung ihrer „Fleischeslust" dienen könnten. Und der wollte er keinen Vorschub leisten. Da es nirgends Alleen gab, blieb im Sommer nichts anderes übrig, als die Wirtshausgärten vor der Stadt zu besuchen. Als Stengel an einem lauen Abend in einer sog. „Freynacht" in einem solchen Garten Platz genommen hatte, glaubte er seinen Augen nicht zu trauen. Saßen doch an ein und demselben Tisch der in seinem Ordensschmuck prangende Minister und Obersthofmeister Graf Seinsheim mit Ehefrau und Schwiegertochter und ein Perückenmachergeselle mit seinem Mädchen bei Ganspfeffer und kaltem Braten. Solche Vermischung der Stände schien dem Pfälzer fast skandalös und auf jeden Fall übertrieben. Bald mußte er sich jedoch belehren lassen, daß die Scheidewand zwischen Adel und Bürgerstand nirgends höher als in Bayern war.

Schockierend fand Stengel die Schamlosigkeit der Münchnerinnen. Zu einer verwitweten jungen Gräfin eingeladen, erlebte er mit, wie sich diese, ohne die Unterhaltung zu unterbrechen, vor dem Kamin umkleidete. Mit „offenem" Busen dastehend, wartete sie, bis die Zofe ihr das angewärmte Hemd reichte. Am meisten empörten den Mannheimer aber Denunzianten- und Strebertum anläßlich der Zeremonialvisiten. Es ekelte

Kurfürst Karl Theodor. Gemälde von Anton von Hickel. Schloß Nymphenburg. *Repro: Brosch*

ihn, wie jeder Besucher seinen Vorgänger nach Strich und Faden herunterputzte und keinen guten Fetzen an ihm ließ. Das müsse ein bayerischer Stammesfehler sein, sinnierte Stengel und hatte wieder einen Grund, sich in die Pfalz zurückzuwünschen.

Sparsamkeit und Verschwendung waren in Bayern offenbar keine Gegensätze. Bei einem Galaempfang in der Residenz zählte der neueste der vorfahrenden Wagen wenigstens 25 Jahre. Die Galakleider stammten noch von den Krönungsfeierlichkeiten Karls VII. Albrecht, schauten also auf knapp 40 Jahre zurück. Graf Königsfeld erschien in einem Gewand, das er aus der Garderobe des verstorbenen Kurfürsten gekauft hatte. Eine Dame ließ sich von einem Bedienten Schuhe nachtragen, die sie in der Residenz mit ihren Straßenschuhen vertauschte. Zu dieser Sparsamkeit bei Kleidung und Fahrzeugen stand die heillose Prasserei beim Tafeln in krassestem Gegensatz. Nach Verzehr der aus vielen Arten von Ragouts, Enten und Spanferkeln bestehenden Gerichte glaubte Stengel, am Ende der Mahlzeit angelangt zu sein, erfuhr aber, daß es sich nur um das sog. Voressen gehandelt habe. Die Hauptmahlzeit folgte erst.

Einmal war er zu einem „Auerhahn" eingeladen, wie man in Bayern sagte. Um halb eins begann die Gasterei. Als nach fortwährendem Essen der Auerhahn um 5 Uhr immer noch nicht aufgetragen war, glaubte Stengel, man habe ihn vergessen oder er habe ihn übersehen. In diesem Augenblick wurde die Türe aufgestoßen und eine Menge von Bedienten brachte mit einer Unzahl von anderen Gerichten den Auerhahn herein. Stengel drohte es schon vom Geruch der neuen Speisemassen schlecht zu werden. Unbemerkt machte er sich aus dem Staub. Am nächsten Tag hörte er, daß das Auerhahnessen um 7 Uhr geendet habe. Nach einer Pause von nur einer Stunde sei das Mahl, das jetzt Souper hieß, weitergegangen und eine Stunde nach Mitternacht endgültig beschlossen worden. Noch Jahre später war Stengel davon überzeugt, nur durch seine Flucht dem Tode entronnen zu sein.

Der Mensch gewöhnt sich an fast alles, zumindest an vieles. So ging es auch den nach Bayern verpflanzten Pfälzern, immerhin etwa 3.000 Personen. In ihrem Unglück erwarteten sie während der ersten Monate, daß der Kurfürst, der sich in München ja auch nicht wohlfühlte und sich nicht einmal Mühe gab, sein Mißbehagen zu verbergen, es hier nicht länger aushalten und nach Mannheim zurückkehren werde. Als dieser jedoch keine Anstalten traf, mußten sie sich mit ihrem Schicksal abfinden. Stefan von Stengel zum Beispiel ließ nach vier Jahren seine Familie nachkommen und kaufte sich einen Rittersitz außerhalb von Schwabing „in der Natur". Mit der eigenhändigen Anlage von Gartenpartien trat er in die

Fußstapfen seines Vaters, der um 1770 auf der Rheinau ein wahres Mustergut, den Stengelhof, errichtet hatte, und versöhnte sich auf diese Weise mit Bayern.

Nach Karl Theodors Tod blieb Stengel in Bayern und machte als nunmehr bayerischer Beamter noch eine beachtliche Karriere, die ihn schließlich nach Bamberg führte, das aufgrund des Reichsdeputationshauptschlusses bayerisch geworden war. Ähnlich erging es anderen pfälzischen Beamten und Künstlern, die ihr Leben als königlich bayerische Untertanen endigten.

Stengelhof auf der Rheinau. *Zeichnung: Marion Schöbel*

Nachwort
Stephan von Stengel in Mannheim

Stephan von Stengel wurde am 6. Oktober 1750 in Mannheim geboren. Sein Vater Johann Georg Anton von Stengel stand als Beamter in kurpfälzischen Diensten - wie schon der 1740 geadelte Großvater, der Urgroßvater, ja sogar der Ururgroßvater. Auch die Mutter Maria Christine von Hauer entstammte einer Beamtenfamilie.

Der mit allen Tugenden eines Fürstendieners begabte Vater vernachlässigte über seinem Dienst aber nicht seine privaten Angelegenheiten. Ganz wie viele andere Angehörige des neuen Dienstadels, der die hohen Hof- und Staatsämter innehatte, strebte er nach einer Grundherrschaft.

Mittlerweile zum Kabinettsekretär im Range eines Geheimen Rats aufgestiegen, begann er sich nach Landbesitz umzuschauen. Bisher bewohnten die Stengels ein Stadthaus in Mannheim (in A 3, 4). Schon vor 1765 erwarb Stengel Grundbesitz in Seckenheim, wo er 1767/1768 ein Schlößchen erbaute. 1768 kaufte er Ländereien im „Sand“ der Rheinau, die damals noch zur Gemarkung Seckenheim gehörte. Hier errichtete er um 1770 das Gehöft „Stengelhof“. Weitere Besitzungen in der Form von Weinbergen lagen bei Laudenbach an der Bergstraße, bei Wiesloch und bei Nierstein.

Nach Privatunterricht durch einen jesuitischen Hofmeister besuchte Stephan von Stengel seit 1760 das Mannheimer Jesuitengymnasium. Mit 15 Jahren trat er 1765 in das ebenfalls von Jesuiten geleitete Seminar in Heidelberg ein. Nach dem offenbar nicht weiter schwer gefallenen Entschluß, doch nicht Geistlicher zu werden, widmete er sich dem Studium der Rechte. Seine Mußestunden weihte er den schönen Künsten, vor allem dem Zeichnen und Malen.

Nach Beendigung seiner Studien im Herbst 1770 begann Stengel seine Laufbahn als Akzessist (Anwärter im Vorbereitungsdienst) beim Hofgericht und Archiv in Mannheim. Von Juni bis Dezember 1771 unternahm er als Begleiter des Hofkaplans Johann Jakob Haeffelin eine Reise nach Paris. Im September des folgenden Jahres wurde er als Wirklicher Hofgerichtsrat fest angestellt.

1773 wurde der Vater Kanzleidirektor mit der Berechtigung, seinen Sohn für Kabinettsarbeiten zu verwenden. Das bedeutete, daß Stephan von Stengel mit 23 Jahren als beigeordneter geheimer Kabinettsekretär bereits ins Zentrum der Macht rückte. Mit Recht glaubten seine Freunde ihn am Anfang einer großen Karriere.

Unmittelbar nach seiner Rückkehr aus Paris lernte Stengel Marianne Blesen kennen. Nachdem er am 13. Februar 1773 auf die ihm zugedachte Dompräbende verzichtet hatte, konnte er ans Heiraten denken. Der Eheschließung standen allerdings die dürftigen Finanzverhältnisse entgegen. Es gehört zu den Absonderlichkeiten des absolutistischen Systems, daß das Einrücken in die Beamtenlaufbahn noch lange keine ordnungsgemäße Bezahlung zur Folge hatte. Viele Beamte mußten Jahre, manchmal über ein Jahrzehnt auf ihre Bezüge warten. Stephan von Stengel erhielt dank der hohen Stellung seines Vaters bereits 1774 fünf Sechstel der ihm zustehenden Besoldung, womit eine Familiengründung bei sparsamster Haushaltsführung möglich war. Während der ersten Italienreise des Kurfürsten reifte in dem in Mannheim zurückgebliebenen Stengel der Plan zur Gründung der Deutschen Gesellschaft, deren Ziel die Erhebung des Deutschen in den Rang einer literaturwürdigen Sprache war. Klopstock, der in einem langen Gespräch mit dem Kurfürsten dafür den Boden bereitet hatte, wurde Mitglied der Gesellschaft, die 1775 ins Leben trat. Im gleichen Jahr erhielt Stengel das Ratspatent mit Sitz und Stimme in der Regierung.

Hatte das Leben Stengels bislang bei allem Erfolg einer Idylle geglichen, so bekam es durch den Weggang Karl Theodors nach München einen ersten tiefen Riß.

An seinem Geburtstag im Jahr 1778 abends um 9 Uhr betrat Stengel zum ersten Mal den Boden Münchens. In seinem Exil, als das er Bayern betrachtete, fühlte er sich höchst unglücklich und teilte nur zu gerne die Erwartungen der anderen Pfälzer, daß der Kurfürst es hier nicht lange aushalten und nach Mannheim zurückkehren werde. Als dieser jedoch keine Anstalten traf, versuchte Stengel auf eigene Faust, das „unwirtliche“ Land zu verlassen. Aber seine Hoffnung, im Tausch die Landschreiberstelle in Alzey zu bekommen, zerschlug sich. Er mußte in München bleiben.

Marianne Blesen (Privatbesitz)

Stephan v. Stengel, Ladenburg. Ehem. Schriesheimer Tor. Radierung 1772

Stephan v. Stengel, Motiv beim Seckenheimer Schlößchen mit Blick auf Ilvesheim. Radierung um 1780 (Reißmuseum Mannheim)